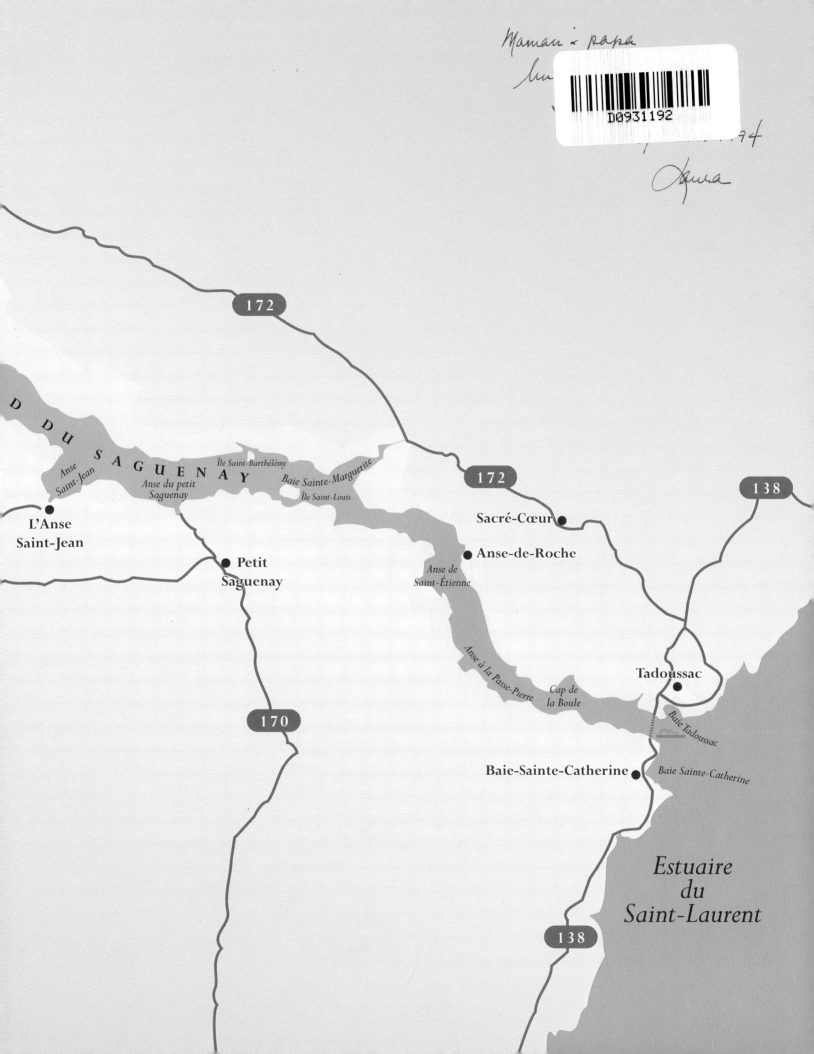

172

172

138

L'Anse Saint-Jean

D DU S A G U E N A Y

Anse Saint-Jean

Anse du petit Saguenay

Île Saint-Barthélémy

Baie Sainte-Marguerite

Île Saint-Louis

Sacré-Cœur

Anse-de-Roche

Anse de Saint-Étienne

Petit Saguenay

Anse à la Passe-Pierre

Cap de la Boule

Tadoussac

Baie Tadoussac

170

Baie-Sainte-Catherine

Baie Sainte-Catherine

138

Estuaire du Saint-Laurent

LE FJORD DU SAGUENAY

LE

DU SA

Photographies
ALAIN DUMAS

Texte
YVES OUELLET

FJORD
GUENAY

MERVEILLE DU QUÉBEC

ÉDITIONS DU TRÉCARRÉ

L'éditeur désire remercier la Bibliothèque Nationale et la Société historique du Saguenay
d'avoir autorisé la reproduction des pages, 68, 71, 80, 94, 95.

Conception graphique et édition électronique : Dufour et fille design Inc.
Révision linguistique : Andrée Quiviger

ISBN 2-89249-451-6

Dépôt légal – 4ᵉ trimestre 1993
Bibliothèque nationale du Québec

Éditions du Trécarré
Saint-Laurent (Québec) Canada

IMPRIMÉ AU CANADA

Pages précédentes :
Vue aérienne du cap Trinité.

SOMMAIRE

PRÉFACE

LES glaces se retirant, laissèrent derrières elles la marque de leur passage sculpté dans le relief. De leur lente migration dont chaque pierre conserve encore le souvenir naquit un fjord que s'empressa d'envahir une vie foisonnante en célébrant le mariage des eaux; eaux douces venues du nord, eaux salées venues du sud, car tel fut le dernier cadeau du glacier : une voie immense, tracée dans l'axe des saisons qui allait bouleverser le destin d'un pays.

Les premières nations le comprirent vite en faisant de Tadoussac, embouchure du fjord, le lieu de leurs rencontres et de leurs échanges. Plus tard vinrent d'autres hommes, issus d'autres peuples, cherchant fortune aux portes d'un royaume qu'on leur avait désigné sous le nom de Saguenay et dont les ressources fabuleuses, ne pouvaient se comparer qu'à celles de l'Eldorado. Et puis un jour la route des fourrures n'évoqua plus que nostalgie autour des comptoirs de traites désertés. Le Saguenay sombra alors dans une léthargie d'un siècle jusqu'à ce que les fils de Charlevoix, pris entre le roc et le fleuve, se tournent vers lui en quête de terres nouvelles au moment même où le Roi du bois cherchait à y établir son industrie.

Faut-il se surprendre que les gens d'ici se soient appropriés la démesure des paysages jusque dans leur quotidien? Démesure de la parole, du geste qui vient du cœur, des amours, des rivalités, etc. Faut-il se surprendre qu'ils aient conservé les valeurs de faiseurs de terre? Autonomie farouche, obstination mais aussi le sens sacré de la fête et des retrouvailles, attachement au coin de pays mais aussi ouverture au monde. Rien dans cette mentalité originale ne peut être compris sans d'abord comprendre ce qu'est le fjord, de sa source jusqu'à son embouchure en passant par ses anses et ses baies, ses caps et ses falaises, ses fosses et ses abysses.

Il vous faut le découvrir. Dans ces pages, par les textes d'Yves Ouellet et les images d'Alain Dumas qui ont uni leur talent et leur amour du Saguenay pour vous offrir ce portrait vivant, plein de nuances subtiles et de contrastes frappants comme le sont cette rivière, ces montagnes et les gens qui ont choisi de les apprivoiser. Il vous faut le découvrir pour que se perpétue l'héritage des glaces et que le fjord demeure ce qu'il est depuis des millénaires: une voie de lumière à travers notre pays et nos cœurs.

Jean-Alain Tremblay

Pages suivantes :
Vue aérienne du fjord à la hauteur de la baie Éternité

« SUR LA ROUTE

DU ROYAUME »

LA FORMATION DU FJORD

AU COMMENCEMENT, UNE CREVASSE

IL y a quelque soixante-dix millions d'années, un effondrement de la croûte terrestre creusa, entre des parois abruptes, un immense fossé qui allait devenir le lit d'une remarquable rivière. Le fjord du Saguenay avait amorcé sa genèse.

Environ soixante mille ans avant notre ère, la moyenne de la température annuelle subit une baisse légère mais suffisante pour favoriser la formation du glacier de Wisconsin dans le nord de l'Amérique. Au cours de sa lente progression vers le sud, le glacier enfonça le continent sous son poids.

Une langue glaciaire d'environ 3 000 m produisit le surcreusement de la vallée du Saguenay, lui imprimant la forme d'un «U». Il aura fallu 2 000 ans au front glaciaire pour dégager la zone comprise entre l'embouchure du Saguenay et le territoire du Lac-Saint-Jean.

Dix millénaires nous séparent de l'époque où le continent se trouva pratiquement libéré de ses glaces. Il fut alors envahi par les eaux marines jusqu'à une altitude probable de 150 à 250 m; ces eaux se retirèrent au fur et à mesure que les terres, enfin délivrées des masses glaciaires, émergeaient. On appelle «relèvement isostatique» ce phénomène dont témoignent les matériaux marins (argiles, limons, sable et coquillages) qui composent les terrasses toujours visibles à Tadoussac, à Saint-Siméon, aux Escoumins et même à Chicoutimi, rue Beauregard. «On peut comparer ce processus à une forte pression du pouce sur une orange : on enfonce la pelure qui finira par reprendre sa forme, tout en gardant l'empreinte de cette pression», déclare une naturaliste du parc du Saguenay.

En s'élevant de 4 mm par siècle (ce qui continue d'avoir lieu), la masse terrestre fit progressivement reculer la mer jusqu'à son niveau actuel. Échelonné sur des millénaires, le mouvement d'aller et retour du glacier laissa à l'embouchure du fjord du Saguenay une accumulation rocheuse qui, depuis, agit comme un verrou.

POINT DE VUE GÉOLOGIQUE

Au Saguenay-Lac-Saint-Jean, la plupart des roches comptent quatre milliards d'années et renvoient, par conséquent, à la période du précambrien. Vers le sud et le sud-ouest on trouve des roches calcaires vieilles de 430 à 500 millions d'années nullement affectées par l'érosion; quelques-unes affleurent encore le long du Saguenay (Chicoutimi-Nord et La

Formation géologique caractéristique. En mortaise, détail d'une falaise à l'anse de Roche.

Ci-contre :
Les parois de la falaise sont principalement composées de granit, la plus vieille roche du monde.

Baie). L'ensemble de la région fait néanmoins partie du Bouclier canadien, plus précisément de ce que les géologues appellent la province du Grenville qui remonte à 950 millions d'années.

LES EAUX DU FJORD

Selon les chercheurs, la principale caractéristique du fjord réside dans la stratification de ses eaux en deux couches dont les conditions de température et de salinité diffèrent.

La nappe de surface est la plus mince et la plus chaude. De l'embouchure jusqu'à Saint-Fulgence, sa température varie de $0°C$ à $16°C$. C'est une eau saumâtre, puisque son taux de salinité ne dépasse pas 10 parties par million (ppm). La couche inférieure est beaucoup plus volumineuse et représente 93% de la masse totale des eaux du fjord. Beaucoup plus froide, cette eau se tient entre $0,2°C$ et $2°C$ et présente des poches de $0°C$; la température au fond révèle une moyenne de $0,4°C$. Quant à la concentration de sel, elle peut atteindre 31 ppm comparativement à 35 ppm dans les océans.

Entre ces deux nappes s'intercale une mince zone tampon appelée thermohalocline. C'est une zone de transition brusque caractérisée par une différence marquée de la température et du taux de salinité des eaux. Cette barrière limite considérablement les échanges entre la couche du dessus et celle du dessous. Ce phénomène océanographique caractérise tout particulièrement le fjord du Saguenay.

L'imposante masse des eaux profondes est alimentée par le Saint-Laurent qui engouffre ses eaux marines dans le fjord du Saguenay à la faveur des deux marées quotidiennes. Plus salée, donc plus dense, cette eau descend au fond des différents bassins. La circulation se révèle plus rapide dans les deux premiers bassins que dans le troisième, incidemment le plus important.

Le premier bassin, de Tadoussac jusqu'en aval de l'anse de Roche, renouvelle tout son contenu en quelques jours, tellement l'apport d'eau en provenance de l'estuaire est massif. Il s'agit du bassin inférieur dont le fond rocheux comporte d'appréciables variations de profondeur, soit jusqu'à 254 m.

Le deuxième bassin commence au-delà d'un seuil interne qui atteint 65 m sous le niveau de la mer, et il s'étend jusqu'à Petit-Saguenay. Le fond de ce bassin intermédiaire ressemble à celui du bassin inférieur bien que moins profond : le maximum de profondeur est évalué à près de 185 m à l'île Saint-Louis. Vers la rive droite de la baie Sainte-Marguerite, en particulier, les fonds remontent à quelque 126 m.

Le troisième bassin s'étend de Petit-Saguenay à Saint-Fulgence; il présente des conditions de température et de salinité beaucoup plus stables, ce qui lui permet d'accueillir, entre autres, une faune d'affinité arctique. Entre le moment où l'eau de mer pénètre dans le dernier bassin et celui où elle remonte à Saint-Fulgence, six mois peuvent s'écouler. Ce mouvement de l'eau ajouté au léger réchauffement qui se produit durant son cycle expliquerait l'absence de glace observé à ce niveau au cours des hivers. L'oxygénation et la circulation accusent un rythme plus lent et plus régulier. La profondeur du troisième bassin dit «supérieur» oscille entre 250 m et 276 m, et son lit vaseux est plutôt plat.

Le fjord du Saguenay draine donc les eaux d'un immense bassin-versant auquel contribue une foule de lacs et de rivières. Aussi se classe-t-il parmi les fjords aux plus grands débits d'eau douce de la planète : son débit moyen annuel est de 1 300 m^3 par seconde et son débit maximal, de 3 000 m^3 par seconde.

La puissance du débit de cet affluent se fait sentir jusqu'à 4 km au large de l'embouchure, là où les eaux douces glissent sur les eaux salées du fleuve Saint-Laurent. Entre les murailles de Tadoussac et Baie-Sainte-Catherine, un affrontement titanesque a lieu entre les courants dont les mouvements imprévisibles produisent des bouillonnements de surface et empêchent la formation de glace en hiver. On appelle «panache» cette frontière entre les eaux.

Phénomène rare dans le cas des fjords, la faible profondeur à sa sortie provoque la remontée des eaux profondes du Saint-Laurent et ce, à chaque cycle de marée. Un puissant apport d'eau renouvelle donc constamment les profondeurs des bassins, si bien que la couche profonde du fjord est exceptionnellement bien oxygénée et beaucoup plus productive qu'on pourrait s'y attendre.

Le fjord du Saguenay se situe au bout du chenal laurentien où circulent des courants très froids. Bien qu'on ait longtemps cru à l'influence du courant du Labrador, les océanographes ont récemment découvert que celle-ci ne portait pas au-delà de Sept-Îles. Les courants froids évoqués plus haut proviendraient plutôt du golfe et, de façon plus lointaine, de l'océan Atlantique. Entre les Escoumins et Bergeronnes, ces courants heurtent les fonds marins moins profonds, ce qui les propulse à la surface avec leur charge de sédiments (sels minéraux et débris organiques) remués par la turbulence et le brassage des eaux. Ces matières en suspension seront transformées en substance nutritive sous l'action du CO_2 et de la lumière déjà

Le fjord du Saguenay draine les eaux d'un immense bassin-versant auquel contribue une foule de lacs et de rivières.

À droite : **Reflets moirés de lumière.**

exploitée par le plancton végétal (phytoplancton), favorisant la prolifération de celui-ci qui, à son tour, alimentera de grandes quantités de plancton animal (zooplancton). Voilà instauré la chaîne alimentaire.

Comme les baleines se nourrissent de zooplancton (krill), elles fréquentent l'estuaire du Saint-Laurent. Saisonnière, la productivité du phytoplancton commence en juin, après les grandes crues, et s'accroît jusqu'au début de l'automne, alors que les pluies rendant les eaux plus turbides entravent la pénétration de la lumière, ce qui amorce le déclin de la prolifération.

D'une exceptionnelle richesse, ces eaux se ruent chaque jour dans le Saguenay et maintiennent un cycle alimentaire qui en fait un habitat équivalent à celui des régions du Grand Nord pour toute une faune d'affinité arctique.

Plusieurs caractéristiques font du fjord du Saguenay une région unique. Signalons, entre autres, l'immensité du bassin de drainage due à la remontée des eaux que favorise le mouvement des marées à l'embouchure, l'alimentation en eaux froides et salées que l'estuaire assure aux trois bassins, la présence dans les fosses d'une zone thermohalocline qui présente des conditions analogues à l'environnement arctique.

La profondeur moyenne du fjord avait été évaluée à 210 m et sa profondeur maximale à 275 m; on estimait également de quelque 10 à 30 m d'épaisseur la couche sédimentaire constituée de vase dans le bassin supérieur et de sable ou de gravier dans les autres bassins. Néanmoins, des études récentes bouleversent toutes ces données, ce qui pourrait donner lieu à d'interminables débats. Par exemple, d'après les relevés sismiques de la Commission géologique du Canada en Nouvelle-Écosse, on estime à plus de 1 000 m la profondeur réelle du fjord, puisque l'accumulation des sédiments eux-mêmes atteindrait une telle profondeur à laquelle, par ailleurs, on peut ajouter les mesures déjà connues. Selon ces études océanographiques, la faille plongerait jusqu'à quelque 1 300 m de profondeur et la couche de sédiments déposés au cours des âges par les affluents et les courants serait au moins trois cents fois plus épaisse que les maximums établis. Le Saguenay devient du coup l'un des fjords les plus profonds au monde. Dans la rivière Chicoutimi notamment, où la navigation est facilitée par un chenal, on trouverait de 200 à 300 m de sédiments, ce qui

laisse entrevoir l'existence d'un fossé tectonique de 300 m à l'embouchure.

N'oublions pas que le passage des glaciers éroda 50 m de sol sur toute la surface de la région. Les débris qui en résultèrent ont dû être soit entraînés par les affluents, soit déposés au fond du Saguenay par la fonte des glaciers.

Au dire des chercheurs, le Saguenay continuerait de se remplir; à preuve, l'ensablement de la baie Éternité et de la baie Sainte-Marguerite. On s'interroge encore d'ailleurs sur la cause réelle de la première grande remontée des fonds marins en face de la baie Sainte-Marguerite. Compte tenu d'un débit beaucoup plus puissant et d'un delta plus étendu que celui de la rivière Éternité, on peut émettre l'hypothèse suivante : le double pic qui recouvre le Saguenay pourrait bien résulter de l'accumulation millénaire de sédiments balayés au gré du va-et-vient des marées.

La recherche a également permis de préciser la texture des sédiments du fond. Beaucoup plus grossière qu'on ne le pensait, cette texture révèle des débris de roc et de la moraine frontale plutôt que du sable et du gravier.

De Saint-Fulgence à la Baie-des-Ha! Ha!, le fond du Saguenay est composé de vase sableuse dont une part provient de forts glissements de terrain en amont : ceux de Saint-Jean-Vianney en 1971, de Kénogami en 1924 et de La Baie jusqu'aux environs d'Anse-Saint-Jean. Le fond est également constitué de vase jusqu'à l'anse à la Boule, de vase très sableuse et enfin de sable et de gravier à l'embouchure.

Selon une autre interprétation de la recherche contemporaine, les dimensions du fjord du Saguenay se seraient passablement réduites : outre quelques centaines de mètres d'accumulation sédimentaire dès sa source, le fjord partirait d'Alma jusqu'à l'embouchure. Cette hypothèse séduisante n'étant

Le fjord du Saguenay draine les eaux d'un immense bassin-versant auquel contribue une foule de lacs et de rivières.

À droite : **Reflets moirés de lumière.**

exploitée par le plancton végétal (phytoplancton), favorisant la prolifération de celui-ci qui, à son tour, alimentera de grandes quantités de plancton animal (zooplancton). Voilà instauré la chaîne alimentaire.

Comme les baleines se nourrissent de zooplancton (krill), elles fréquentent l'estuaire du Saint-Laurent. Saisonnière, la productivité du phytoplancton commence en juin, après les grandes crues, et s'accroît jusqu'au début de l'automne, alors que les pluies rendant les eaux plus turbides entravent la pénétration de la lumière, ce qui amorce le déclin de la prolifération.

D'une exceptionnelle richesse, ces eaux se ruent chaque jour dans le Saguenay et maintiennent un cycle alimentaire qui en fait un habitat équivalent à celui des régions du Grand Nord pour toute une faune d'affinité arctique.

Plusieurs caractéristiques font du fjord du Saguenay une région unique. Signalons, entre autres, l'immensité du bassin de drainage due à la remontée des eaux que favorise le mouvement des marées à l'embouchure, l'alimentation en eaux froides et salées que l'estuaire assure aux trois bassins, la présence dans les fosses d'une zone thermohalocline qui présente des conditions analogues à l'environnement arctique.

La profondeur moyenne du fjord avait été évaluée à 210 m et sa profondeur maximale à 275 m; on estimait également de quelque 10 à 30 m d'épaisseur la couche sédimentaire constituée de vase dans le bassin supérieur et de sable ou de gravier dans les autres bassins. Néanmoins, des études récentes bouleversent toutes ces données, ce qui pourrait donner lieu à d'interminables débats. Par exemple, d'après les relevés sismiques de la Commission géologique du Canada en Nouvelle-Écosse, on estime à plus de 1 000 m la profondeur réelle du fjord, puisque l'accumulation des sédiments eux-mêmes atteindrait une telle profondeur à laquelle, par ailleurs, on peut ajouter les mesures déjà connues. Selon ces études océanographiques, la faille plongerait jusqu'à quelque 1 300 m de profondeur et la couche de sédiments déposés au cours des âges par les affluents et les courants serait au moins trois cents fois plus épaisse que les maximums établis. Le Saguenay devient du coup l'un des fjords les plus profonds au monde. Dans la rivière Chicoutimi notamment, où la navigation est facilitée par un chenal, on trouverait de 200 à 300 m de sédiments, ce qui

laisse entrevoir l'existence d'un fossé tectonique de 300 m à l'embouchure.

N'oublions pas que le passage des glaciers éroda 50 m de sol sur toute la surface de la région. Les débris qui en résultèrent ont dû être soit entraînés par les affluents, soit déposés au fond du Saguenay par la fonte des glaciers.

Au dire des chercheurs, le Saguenay continuerait de se remplir; à preuve, l'ensablement de la baie Éternité et de la baie Sainte-Marguerite. On s'interroge encore d'ailleurs sur la cause réelle de la première grande remontée des fonds marins en face de la baie Sainte-Marguerite. Compte tenu d'un débit beaucoup plus puissant et d'un delta plus étendu que celui de la rivière Éternité, on peut émettre l'hypothèse suivante : le double pic qui recouvre le Saguenay pourrait bien résulter de l'accumulation millénaire de sédiments balayés au gré du va-et-vient des marées.

La recherche a également permis de préciser la texture des sédiments du fond. Beaucoup plus grossière qu'on ne le pensait, cette texture révèle des débris de roc et de la moraine frontale plutôt que du sable et du gravier.

De Saint-Fulgence à la Baie-des-Ha! Ha!, le fond du Saguenay est composé de vase sableuse dont une part provient de forts glissements de terrain en amont : ceux de Saint-Jean-Vianney en 1971, de Kénogami en 1924 et de La Baie jusqu'aux environs d'Anse-Saint-Jean. Le fond est également constitué de vase jusqu'à l'anse à la Boule, de vase très sableuse et enfin de sable et de gravier à l'embouchure.

Selon une autre interprétation de la recherche contemporaine, les dimensions du fjord du Saguenay se seraient passablement réduites : outre quelques centaines de mètres d'accumulation sédimentaire dès sa source, le fjord partirait d'Alma jusqu'à l'embouchure. Cette hypothèse séduisante n'étant pas encore suffisamment étayée, considérons que le fjord s'étend sur une longueur de 105 km soumise à l'effet des marées et sur une largeur moyenne de 1,6 km qui atteint parfois 3,2 km.

Les plus grandes profondeurs approchent les 278 m alors que les falaises abruptes qui bordent ces abîmes se dressent à 150 et jusqu'à 350 m au cap Éternité pour atteindre 412 m au cap Trinité.

On y contemple certains des sites nord-américains les plus spectaculaires qui jalonnent des anses, des baies, des pointes, des caps et des bifurcations du fjord.

Bref, le Saguenay n'a pas encore révélé tous ses secrets : en particulier, l'île Saint-Louis, sise au beau milieu d'un fjord balayé par les glaciers reste une énigme. En réalité, on commence à peine à déchiffrer les mystères du Saguenay qui évoquent un petit univers qui se serait développé pour ainsi dire en vase clos. Notamment, les populations de bélugas ou de morues arctiques dans les eaux du fjord alimentent de savants débats : se sont-elles développées sur place ou résultent-elles de migrations fauniques? La seconde hypothèse soulève la question de l'étanchéité du verrou de l'embouchure, déjà mise en doute par Pêches et Océans Canada qui soutient l'observation de telles migrations. Intrigue également l'amplitude des marées sur le Saguenay, ce bras de mer qui s'allonge jusqu'à la hauteur de Chicoutimi. Le marnage peut en effet varier de 3 à 5 m à Tadoussac et de 4 à 6 m (parfois plus) à La Baie. La durée moyenne de la marée montante est de cinq heures et celle de la marée descendante de sept heures. Soulignons enfin que la puissance de ces fluctuations, les turbulences des eaux du Saguenay, l'étroitesse et la profondeur du fjord créent des courants très forts, plus ou moins déroutants pour les navigateurs.

Coucher de soleil sur la Passe-Pierre.

AU FIL DE LA RIVIÈRE

LA RIVIÈRE SAGUENAY

LA rivière Saguenay contient le quatrième bassin hydrographique du Québec et le plus important bassin-versant du Saint-Laurent après l'Outaouais. D'environ 85 000 km^2, ce bassin s'étend de 48° à 53° de latitude Nord et de 70° à 75° de longitude Ouest.

L'estuaire reçoit 90% des surplus du lac Saint-Jean dont la circonférence compte 225 km et la superficie, 1 048,9 km^2. Cinquième plus grand lac du Québec, celui-ci puise sa source à quelques-unes des plus grandes rivières nordiques : la Péribonka, la Mistassini, l'Ashuapmushuan, et à quarante-deux autres tributaires.

À partir de la Petite et de la Grande Décharges, le Saguenay est alimenté sur tout son parcours par les rivières aux Sables, Chicoutimi, Shipshaw, aux Vases, Valin, Éternité, Saint-Jean, Petit-Saguenay, Caribou, par la magnifique Sainte-Marguerite et par des milliers de lacs.

La rivière Saguenay se divise en trois segments complémentaires. D'abord, de la sortie du lac Saint-Jean à Alma, les Grande et Petite Décharges jusqu'à Shipshaw constituent pour ainsi dire la véritable section «rivière» du Saguenay. Ce premier segment est caractérisé par une très forte dénivellation qui atteint incidemment 95 m sur une distance de 9 km. De Shipshaw à Saint-Fulgence se découpe le deuxième segment; c'est l'avant-fjord. En traversant la conurbation du Haut-Saguenay qui abrite 50% de toute la population du Saguenay-Lac-Saint-Jean, les escarpements du fjord commencent à

À gauche : **Baie Sainte-Margurite sous la pluie.**

poindre. Quelques lignes courbes le long de certaines terres basses laissent présager le relief à venir.

Le troisième segment acquiert le nom de fjord aux portes de Saint-Fulgence et il le conserve fièrement même lorsque le Saguenay s'écarte de son cours vers la Baie-des-Ha! Ha!, prolongement direct du lac Kénogami à une vingtaine de kilomètres en amont. En fait, la rivière Saguenay reste un fjord jusqu'à sa jonction au fleuve Saint-Laurent à Tadoussac dont la spectaculaire majesté éclipse tout le reste.

De part et d'autre du fjord, le relief, variant de 400 à 500 m d'altitude, dessine une plate-forme ondulée où les vallées s'emplissent de terrasses marines. Derrière ce plateau, le massif laurentien et les monts Valin se profilent. On aperçoit au nord les élévations qui jouxtent la vallée de la Sainte-Marguerite et, au sud, les Laurentides atteignant les 900 m d'altitude.

La rivière Saguenay est constellée d'îles. Ici, l'îlot Saint-Jean.

DES ÎLES ÉNIGMATIQUES

Plusieurs Saguenayens de souche sont eux-mêmes étonnés de voir autant d'îles dans leur territoire. Entre autres, certaines îles du fjord retiennent l'attention des scientifiques. Comment expliquer qu'elles aient pu résister au passage d'un glacier? Les aurait-il contournées? Tel que mentionné auparavant, on songe notamment à l'immense île Saint-Louis dressée au milieu du Saguenay comme le symbole de notre ignorance quant à la géomorphologie du fjord.

Partant de la tête du fjord, après l'île Wilson à Jonquière, nous croisons le premier regroupement de quatre îles près du cap Jaseux, ce sont les îles à Jalobert. Il faut ensuite pénétrer au fond de la Baie-des-Ha! Ha!, à Grande-Baie, pour découvrir l'Îlet qu'on perçoit bien de la route 170 et qui a longtemps servi de point d'amarrage aux estacades de la papetière *Stone Consolidated Bathurst*. C'est là, dit-on, que les premiers colons auraient accosté avant de débarquer sur la rive elle-même.

Il faut ensuite franchir une assez longue distance pour arriver à l'îlet Saint-Jean, petite émergence de rochers et de pins tordus, que quelques mètres à peine élèvent au-dessus du niveau de l'eau. On y cueille des petits pois qui viennent d'on ne sait où, et on ne peut que s'y mettre à méditer, tant le relief est inspirant. De là, on aperçoit l'île Saint-Louis.

Avant d'atteindre celle-ci, deux petites îles apparaissent au sud dans l'anse du Petit-Saguenay, à côté du quai, puis, au nord, surgit la formation la plus fascinante du fjord, appelée la Petite Île souvent confondue avec l'île Coquart. D'accès malaisé, cette formation en plateaux dont l'altitude croît rapidement est couverte d'un épais tapis de mousse; elle regorge de bleuets, présente des arbres à la silhouette torturée comme il s'en trouve dans les espaces tourmentés par le vent et, surtout, montre une magnifique grotte (n° 4) sculptée par les jeux exubérants de la pierre, du sable et du vent.

Tout à côté, l'île Saint-Barthélémy, de quatre à

L'île Saint-Barthélémy.

cinq fois plus grande, protège l'une des plus belles baies du Saguenay appelée l'anse Gagnon où des plaisanciers viennent quelquefois jeter l'ancre.

Visible à des dizaines de kilomètres, l'île Saint-Louis s'arroge les plus grandes dimensions : près de 1 000 m de diamètre et 100 m de hauteur. Ses escarpements et la puissance du courant empêchent d'y accoster. Curieusement, la densité de sa végétation et sa structure géologique rappellent davantage les îles du golfe Saint-Laurent que ses voisines du Saguenay.

À mi-chemin entre l'île Saint-Louis et l'embouchure du Saguenay, on trouve les deux îlots de l'anse aux Petites-Îles. Le premier, tout en longueur, ne porte pas de nom officiel bien qu'il conserve les stigmates des premiers colons. L'anse fut en effet le tout premier siège de la Société des Vingt-et-un qui, se livrant à l'exploitation forestière, fixa des anneaux d'ancrage aux rochers des îles. À marée basse, l'îlot sans nom est relié à la terre ferme. Un peu plus au large, le second îlot porte le nom de Coquart en l'honneur du missionnaire jésuite qui érigea la chapelle de Tadoussac et dont il sera question plus loin.

À l'exception de quelques rochers, voilà les îles du Saguenay auxquelles on pourrait ajouter deux autres terres émergeant de l'estuaire : au sud de l'embouchure, l'îlet aux Alouettes qui délimite l'immense batture aux Alouettes et l'île Rouge, beaucoup plus au large mais précisément située dans l'axe de la sortie des eaux du Saguenay.

LE PEUPLEMENT DU FJORD

L'existence d'un fjord demeure un phénomène exceptionnel à une latitude aussi basse, bien qu'on en trouve d'autres au sud de Gaspé, dans les Maritimes et au Labrador, tout de même un peu plus au nord. Au-delà de sa position géographique, ce qui caractérise le fjord du Saguenay, c'est surtout sa structure géo-sociologique : en effet, des

**Une des caractéristiques du fjord :
son peuplement riverain**

populations, des villes et des villages se sont établis sur toute sa longueur. Ainsi le parc marin et le parc national du Saguenay ne sont pas des aires de protection de la nature dont l'élément humain serait exclu.

Tous les secrets du Saguenay sont loin d'avoir été percés à jour, même pour la population du Saguenay-Lac-Saint-Jean qui vit pour ainsi dire dans son intimité. Une majorité mourra sans même avoir parcouru d'un bout à l'autre cette région plus ou moins accessible ou sans y avoir navigué. Les Saguenayens circulent d'ailleurs plus volontiers en voiture ou en motoneige à l'occasion de la pêche hivernale qu'ils ne pratiquent de sports carrément nautiques.

Que les eaux noires et glaciales du fjord cachent une si riche vitalité biologique en étonne donc encore plusieurs. À moins de 10 ou de 15 m de profondeur, l'eau déjà salée annonce la prodigalité de cet écosystème nordique qu'on ne doit pas comparer, évidemment, aux fonds marins tropicaux

dont le recyclage est beaucoup plus rapide. Dans les environs de l'embouchure, toute une population marine anime des eaux encore plus proches de la surface : fucus, algues brunes, laminaires, oursins de mer et autres invertébrés. En plus grande profondeur, les populations se révèlent plus homogènes parce que, d'une part, les niches écologiques sont moins nombreuses et, d'autre part, la nourriture est plus rare.

Comparativement aux écosystèmes tropicaux, le milieu marin nordique et, à fortiori, le milieu arctique présentent un recyclage plus lent dont résulte forcément une productivité moins diversifiée.

Le rythme du recyclage dépend à la fois du métabolisme général, de la transformation des éléments au plan moléculaire et de la récupération moléculaire en fonction des différents cycles de production, autant de phénomènes que les basses températures ralentissent. Pour ce qui a trait au Saguenay, des biologistes se demandent comment la vie parvient à une telle vigueur sous des températures aussi froides. Ils font alors allusion à la richesse organique d'une eau beaucoup moins claire qu'en milieu tropical. Si l'on attribue généralement l'opacité de l'eau aux avatars de la pollution, il s'agirait plutôt ici d'une remarquable accumulation de matière organique combinée à la lenteur du recyclage. Ce milieu aquatique constitue en effet un immense réservoir de carbone et renferme une grande diversité d'habitats, résultats d'une foule de facteurs physiques et chimiques.

LA QUALITÉ DE L'EAU

Les plus récentes analyses ont permis d'identifier le mercure comme étant un polluant significatif du Saguenay. D'autres métaux lourds, tels que le zinc, le plomb et le vanadium ont également été décelés. Plus on s'éloigne de la tête du Saguenay, plus la présence de ces métaux diminue. On ignore quel taux de mercure est imputable aux effluents du lac Saint-Jean et de la rivière Saguenay, mais on a localisé les plus fortes concentrations à la source du Saguenay.

Ce constat vaut également pour le mercure encore plus fortement concentré dans les sédiments. Bien que le mercure puisse être d'origine naturelle, on a pu confirmer que celui du Saguenay relève de la pollution industrielle dont les principales sources seraient l'usine de chlore-alcali d'Arvida mise en opération vers 1948 et les résidus des industries de pâtes et papiers.

L'arrêt des déversements, à partir de 1971, a significativement réduit les taux de mercure dans les sédiments de surface, mais ils restent de quatre à dix-sept fois supérieurs à la contamination préindustrielle.

On a également mesuré la contamination du fjord par les HAP (hydrocarbures aromatiques polycliniques) mais on n'est pas encore parvenu à évaluer leurs conséquences sur les écosystèmes aquatiques.

La qualité de l'eau s'améliore peu à peu à la suite de l'arrêt de déversements de polluants.

QUEL TEMPS FAIT-IL?
LE CLIMAT

SANS être sous influence arctique comme certains le laissent entendre, le Saguenay présente le climat d'une région nordique dont les écarts de température peuvent être excessifs.

Selon le système de classification climatique de De Koeppen, le Saguenay est tributaire d'un climat humide et frais ou tempéré-froid qui se caractérise par l'absence de saison sèche. Ses moyennes de température sont établies comme suit : moins de $22°C$ pour le mois le plus chaud; à peine quatre mois par an elles atteignent plus de $10°C$; en termes de températures absolues, des écarts fluctuent d'un minimum de $-45°C$ à un maximum de $38°C$.

Là où se concentre la population régionale, sur les rives du Saguenay et autour du lac Saint-Jean, on profite d'une «langue d'air chaud» qui, en provenance du Saint-Laurent, remonte la vallée du Saguenay. Les zones habitées sont relativement protégées des températures extrêmes plutôt observées en altitude, sur le contrefort des Laurentides qui ceinturent la région. De quelque $2°C$, les températures moyennes dans l'ensemble de la région se rapprochent de celles des environs de Québec. Chicoutimi présente une moyenne annuelle un peu plus élevée, soit $3,3°C$, ce qui donne un climat plus frais que celui de la région montréalaise dont la moyenne s'élève à $7°C$. À latitude égale, les températures du Saguenay sont peut-être plus douces que celles des autres régions du Québec, mais elles ne se comparent en rien au climat que connaît Paris sous une latitude pourtant supérieure.

La moyenne annuelle d'ensoleillement du Saguenay correspond à quelque 1 600 heures, soit à peu près 40% du temps total possible. Les précipitations pour le moins modérées s'échelonnent pour le tiers, de décembre à mai, et de juin à novembre pour une bonne part du reste. Inférieures à 80 cm par an, les valeurs pluvio-métriques de la région saguenayenne sont moindres que celles de Québec (90 cm) ou de Montréal (92 cm). La pluviosité n'est pas répartie également sur l'ensemble des territoires du Saguenay et du Lac-Saint-Jean : les variations sont marquées d'un endroit à l'autre et les précipitations décroissent à mesure qu'on s'éloigne du lac Saint-Jean.

À gauche : **Après la pluie, le beau temps.**

Chenal ouvert dans la glace par la garde côtière canadienne.

Page précédente :
Fin de l'hiver et début du printemps sur la forêt.

LES SAISONS

Le printemps se manifeste dès le mois de mars dans le Haut-Saguenay, et un peu plus tard le long du fjord où les montagnes retiennent davantage les traces de l'hiver. En altitude, il n'est pas rare d'apercevoir de la neige jusqu'à la fin de mai, notamment dans les endroits plus ombragés ou dans les ravinements. Grosso modo, avril et mai ramènent le temps doux et suppriment la neige sur la plus grande partie du territoire. En avril, le réchauffement provoque la débâcle des glaces du Saguenay. Durant l'hiver, un brise-glace ouvre un chenal de Tadoussac à La Baie, puis vers le terminal maritime de Grande Anse. Même au printemps, il fend les glaces presque jusqu'à Chicoutimi, activant ainsi les processus de fonte et de rupture.

Les signes de gel sur le sol disparaissent vers la mi-mai, alors que la température augmente sensiblement.

L'été est porté par les vents du sud-ouest qui traînent des masses d'air chaud et humide; la belle saison durera jusqu'à la mi-septembre, au grand

plaisir de la population heureuse de sortir des rigueurs de l'hiver.

Néanmoins, les froidures reviendront inexorablement. D'abord, septembre, un délicat frimas nappera quelquefois le sol aux premières heures du matin. Bientôt les sommets des montagnes blanchiront; la neige n'est pas loin. Tout de même, entre-temps, la splendeur des commencements de l'automne aura donné quelque répit aux Saguenayens bientôt confrontés aux gelées de plus en plus fréquentes et à d'abondantes précipitations (de 5 à 10 cm par mois) rabattues par les vents du sud-ouest et de l'ouest.

D'octobre à la fin de décembre, le mercure oscille entre -5°C et -10°C. La neige s'installe; le Saguenay se fige; le temps et l'espace sont avalés par l'hiver. Toutefois janvier ferait-il frôler les -20°C, on ne manque pas de s'affairer ni de s'amuser dans un paysage de rêve qui accueille chaque année plus de 300 cm de neige ou, encore, à l'intérieur des maisons où les amis sont à l'affût de la moindre occasion de festoyer.

Page précédente :
Poésie et puissance… la débâcle du printemps.

L'été est court mais riche en beautés.

LA FAUNE ET LA FLORE DU SAGUENAY

LA FLORE

L E littoral du Saguenay laisse peu d'espace à l'expansion de la flore, mais qu'une baie, qu'une anse ou que des battures s'offrent et les plantes foisonnent. Parmi les espèces «productrices» ou «pionnières», on reconnaît les plantes à racines et le phytoplancton. Parmi les plantes dites «consommatrices», on trouve entre autres le périphyton. Les zones moins profondes montrent des quenouilles, des scirpes, des sagittaires, des rabanniers, des éléocharides, des pontédéries, etc., organismes typiques de la transition entre la terre et l'eau. Ces zones constituent également l'habitat des amphibiens et des oiseaux migrateurs; des rats musqués, visons, castors; hérons, canards, bernaches et oies. Elles ouvrent aussi la voie aux insectes aquatiques.

Une deuxième zone, située dans les eaux littorales encore peu profondes, accueille les plantes à racines et à feuilles flottantes : par exemple, les nénuphars et les brasénies où nichent de nombreux petits animaux.

Carrément sous l'eau vivent les plantes submergées dont, surtout, le potamot. On observe aussi dans cette troisième zone les ruppies maritimes, les zannichellies palustires, les cornifles, l'élodée, les myriophylles, les vallisnéries, les algues Chara qui voisinent avec des algues dites diatomées, des baccillariaphibeae, les algues vertes chlorophytes et les algues bleu-vert cyanophytes.

LA FORÊT

Le couvert forestier des rives du Saguenay n'est pas davantage connu que leurs autres richesses. La forêt

À gauche : **L'automne effleure la baie Éternité.**

dont les exploitants entreprirent le dépeuplement en 1838 et celle qu'ils laissèrent au début du XXe siècle n'accusent pas tellement de différence.

La diversité actuelle des espèces remonte loin dans le temps. La coupe systématique des pins a favorisé d'autres essences puisque le pin se régénère sur place à partir de spécimens adultes. Néanmoins, bon nombre de pins blancs, de pins rouges et de pins gris ont survécu, principalement sur la rive nord entre Anse-Saint-Jean et Saint-Fulgence. De l'autre côté du Saguenay, les essences se diversifient davantage : bouleaux, trembles, épinettes noires, etc.

«On suppose que cette différence entre les rives nord et sud pourrait être associée à des régimes de feux différents», concluent les chercheurs Réjean Gagnon et Hubert Morin. Plus exposé au soleil, le sol du côté nord devient plus sec, d'où sa vulnérabilité à de fréquents feux de surface de faible

envergure. Les pins se sont d'ailleurs remarquablement adaptés aux incendies, incidemment
propices à leur reproduction. Exposé au nord, le
plan sud, quant à lui, garde un sol humide. Le feu
n'y a de prise qu'à la faveur de grande sécheresse,
mais il sera d'autant plus dévastateur. Ces conditions
plaisent à l'épinette noire et à d'autres espèces bien
adaptées comme, entre autres, le bouleau.

L'intervention humaine a certes modifié le
paysage des vallées habitées, mais, de toute
évidence, la forêt accrochée aux montagnes du
Saguenay ressemble tout à fait à celle qui vit passer
les bûcherons. Des pins de près de 400 ans ou des
cèdres encore plus vieux témoignent de la remontée
de Jean Dequen en 1647 ou, bien avant lui, du
passage saisonnier des Montagnais.

On pourrait croire que telles essences ont élu
domicile dans quelque zone privilégiée : les pins

Vue aérienne du lac Travers et de sa forêt mixte.

rouges sur le bout des caps; les bouleaux, en
altitude; les érables, à l'abri des contreforts
rocheux. En réalité, on observe partout une grande
variété d'essences. À cet égard, le gradient
d'exposition nord-sud, la fréquence et la nature des
feux sont infiniment plus déterminants que les
facteurs géographiques.

On compte plus d'une centaine de peuplements
d'érables dans la région à raison de 35 à 2 500
spécimens. Comment expliquer cela? Le
développement d'érablières à sucre dans la région
coïnciderait avec certains phénomènes liés au
processus de déglaciation, il y a environ 10 000 ans.
Les graines de ces arbres seraient venues par des
radeaux de terre ou autrement et auraient été
disséminées sur les rives du golfe de Laflamme qui
recouvrait alors le territoire. Selon madame

Ci-dessus :
Forêt de pins gris.

À droite:
Pin rouge tordu sous l'action du climat rigoureux typique des falaises du fjord.

Bilodeau docteur en ressources renouvelables, la distribution des érablières correspond aux limites de l'ancien golfe de Laflamme résultant du dernier retrait glaciaire. Ce mode de reproduction expliquerait la rareté des semences et, par conséquent la taille réduite du peuplement. En revanche, il explique aussi la pérennité de peuplements protégés d'une expansion débridée.

On poursuit l'élaboration de telle théories qui, progressivement, dévoilent la genèse de la forêt du Saguenay.

LA FAUNE AQUATIQUE

On a répertorié dans le Saguenay plus de 340 espèces d'invertébrés et 59 espèces de poissons dont 7 relèvent de la faune arctique : lycode arctique, lycode pâle, lycode polaire, agone atlantique, laimarque, tricorne arctique et saïda.

À l'embouchure, où le milieu marin est plus riche en éléments nutritifs, on remarque la vie qui grouille sur les parois du fjord. Les anémones de mer, les oursins, les framboises de mer, les étoiles de mer logent à l'entrée du Saguenay et leur population décroît à mesure qu'on pénètre la rivière.

En outre, chacun des trois bassins du Saguenay peut abriter des espèces fauniques différentes. La faune est plus spécialement concentrée entre Petit-Saguenay et La Baie, où l'on enregistre des températures de -0,4 $^\circ$C à 3 $^\circ$C et une salinité d'environ 31 ppm, ce qui, rappelons-le, se rapproche du taux de salinité de l'océan. Outre les

La valse des saumons.

La rivière Sainte-Marguerite regorge de saumons.

poissons d'affinité arctique, d'autres espèces foisonnent : la plie, la raie, l'esturgeon, l'alose, le hareng et 70% des espèces répertoriées dans le Saguenay.

Monseigneur Gérard Drainville, l'un des premiers chercheurs intéressés à la faune aquatique du fjord, répartissait les poissons en trois classes selon leur habitat. Une première classe concerne les poissons vivant en eau douce, comme le doré jaune, le corégone, le grand brochet qu'on trouve surtout en amont de la rivière et les espèces migratrices comme le saumon, la truite de mer et l'anguille. Une deuxième classe regroupe les espèces de la zone salée dont certaines seraient soi-disant prisonnières d'une enclave arctique et isolées des populations extérieures. La troisième classe comprend quelques rares espèces qui ont la particularité de circuler verticalement, c'est-à-dire d'une couche à l'autre, franchissant ainsi la zone

thermohalocline : par exemple, la morue et cinq autres espèces qui s'adaptent facilement à divers taux de salinité.

À propos des poissons migrateurs, le Saguenay n'est pas une rivière à saumon aussi importante que certaines grandes rivières de la Côte-Nord. Proportionnellement, il y remonte beaucoup plus de truites de mer qui, comme le saumon, empruntent le fjord pour atteindre les rivières ou elles frayeront. Si, dans la région, la Sainte-Marguerite demeure la destination privilégiée du saumon, plusieurs affluents du Saguenay ont retrouvé leur vocation de frai et, partant, de pêche grâce à des aménagements spécifiques et à des techniques de peuplement. C'est le cas de la rivière Petit-Saguenay et aussi de la rivière à Mars dans la Baie-des-Ha! Ha!

Sébastes pêchées en hiver.

1

2

3

4

5

6

1 Un beau spécimen de trille rouge.

2 Un iris à pétales aigus.

3 Maïanthème du Canada.

4 Joncs.

5 Ascophille noueuse.

6 Le bleuet : un symbole régional.

1   Argynne cybèle.

2   Superbe orignal mâle.

3   Marmotte en balade.

4   Écureuil en escalade.

5   Bâiller au soleil !

LES BATTURES DE SAINT-FULGENCE
LA FLÈCHE LITTORALE

L A nature semble avoir donné rendez-vous à une foule de phénomènes spectaculaires, juste au pied du village de Saint-Fulgence, quelques kilomètres à peine à l'est de Chicoutimi, là où le fjord se précipite dans le plus profond de ses gouffres.

De la route 172 on aperçoit d'abord des battures à perte de vue qui, à marée basse, semblent glisser jusqu'au milieu du Saguenay. Elles disparaissent à marée haute, cédant à une flèche littorale qui pointe vers l'extrémité du cap des Roches. Presque perpendiculaire au rivage, elle avance, légèrement sinueuse et marquée sur la droite par un large estran; elle mesure 650 m de longueur, de 75 à 125 m de largeur et l'estran compte 2,5 mètres de hauteur.

Des fragments de tailles variées composent cette bande : argile, sable, galets et d'énigmatiques blocs erratiques. Le sable et le gravier seraient des dépôts des pourtours de la flèche, réaménagés par le jeu des vagues. Une partie de cette matière a dû être charriée par les glaces printanières, tandis que les galets, dont la forme reste plutôt grossière, semblent provenir de l'érosion du cap avoisinant. La flèche littorale attire fortement l'attention des scientifiques qui s'interrogent sur ses origines, sur sa position presque perpendiculaire au rivage, sur son point d'appui qui fait saillie et à propos des blocs massifs qui jalonnent sa surface. Ce qui saute aux yeux néanmoins, c'est que les courants, les marées et les vents conjugués aux singularités du relief sous-marin et des contours de la côte sont des éléments incontournables.

À gauche : **Le village de Saint-Fulgence et la flèche.**

LES BATTURES

Ensemble de terres humides, les battures de Saint-Fulgence ont ceci de particulier qu'elles longent le fjord, phénomène rarissime, et qu'elles s'enfoncent dans le massif précambrien à plus de 100 km du Saint-Laurent.

Depuis 1992, un centre d'interprétation des battures niche sur le flanc d'un cap au beau milieu du village de Saint-Fulgence et des remblais piétonniers traversent les battures. Les visiteurs découvrent ce milieu étonnant dont un ensemble subtil de conditions favorise l'établissement de nombreuses espèces animales et végétales.

Deux espèces d'oiseaux, le Bruant à queue aiguë et le Râle jaune, et une espèce végétale, la salicorne d'Europe, ne logent nulle part ailleurs dans la région. En avançant vers le Saguenay, la végétation change graduellement. La forêt et le milieu

La flèche littorale.

Vue des battures et de la flèche.

champêtre cèdent aux plantes du marais côtier, surtout le carex paléacé, l'iris à pétales aigus et la livèche écossaise, puis aux plantes du marais intertidal : entre autres, le scirpe d'Amérique et la spartine pectinée, garde-manger de plusieurs espèces de sauvagines dont la Bernache du Canada.

Les battures comportent deux embouchures, celle de la rivière aux Outardes et celle de la rivière aux Foins. Quelles que soient ses dimensions, une embouchure ressemble à un entonnoir où s'engouffre la marée montante deux fois par jour. Ici, l'eau douce des rivières versantes se mêle à l'eau saumâtre du Saguenay, selon des proportions qui varient en fonction des phases de la marée. Les conditions changeantes et les courants ne facilitent guère l'établissement de la végétation, en revanche, la sauvagine en fait son aire de repos où elle trouve une abondante nourriture. Entre autres, on peut observer le Canard noir, le Canard souchet et, en période de migration la Bernache du Canada.

Les battures sont parsemées de rigoles qui ne sont pas dénuées d'importance du point de vue écologique. Ces lézardes dans le marais côtier offrent à certaines espèces un abri contre le vent, une protection contre les prédateurs et d'excellents sites où faire leur nid. On y verra notamment des Canards noirs, des Sarcelles à ailes bleues, des Canards souchets et des Hérons bleus.

UN ÉQUILIBRE FRAGILE

Des conditions naturelles pour le moins contrastées ont pour effet de fragiliser cet environnement déjà particulier. Qu'on pense, par exemple, aux battures à jamais soumises aux marées, donc tantôt submergées par les eaux saumâtres en provenance du fjord et tantôt asséchées ou arrosées par l'eau douce de la rivière Saguenay ou de ses affluents. D'autre part, la matière même des battures relève d'un équilibre précaire entre la sédimentation de fines particules de vase ou de limon et l'érosion des plateaux vaseux. Tour à tour la vague, les courants et les glaces érodent et précipitent les agrégats d'un rivage perpétuellement remodelé. Notons enfin que la batture, en captant de minuscules sédiments, fixe des éléments nutritifs qui alimentent tout un éventail d'organismes vivants. Comme quoi la fragilité de ce milieu ne l'empêche pas d'atteindre une richesse enviable.

Sentier pédestre aménagé sur les battures.

LES OISEAUX DU FJORD

LES OISEAUX DE PROIE

Pour peu qu'ils soient informés des meilleurs sites d'observation, les amateurs d'ornithologie trouveront leur compte dans la région du Saguenay. Les sites où le fjord dresse ses parois les plus hautes ne sont pas accessibles, mais on pourrait y voir quelques spécimens d'espèces aquatiques : des goélands, des huarts et des canards de mer en cours de migration. Si l'on a un faible pour les oiseaux de montagne, qui sont généralement des oiseaux de proie, les falaises sont toutes désignées. Parce qu'elles réfléchissent la chaleur, les falaises contribuent à la formation de courants d'air chaud qui, vu leur faible densité, tendent à s'élever. Prenant appui sur ces courants, les rapaces peuvent gagner de l'altitude tout en planant. Au cours de leur trajet migratoire, les oiseaux de proie exploitent tout naturellement ce phénomène physique : l'air supporte leur vol circulaire jusqu'au plus haut point possible, d'où ils se laissent glisser vers une autre falaise. Le manège prendra fin au quartier d'hivernage.

Les promontoires rocheux hébergent également d'autres grands rapaces, tels que le Pygargue à tête blanche et l'Aigle royal. En avril, période propice à l'observation des grands rapaces, les connaisseurs distingueront sans peine dans un intervalle de deux heures quelques Pygargues à tête blanche et quelques Aigles royaux dans les environs d'Anse-Saint-Jean. Les Pygargues à tête blanche sont-ils de passage ou séjournent-ils dans le fjord? On croit que certains jeunes oiseaux encore inaptes à la reproduction pourraient nicher dans ce secteur, se nourrissant de poissons morts qu'ils agrippent à la surface de l'eau et sur les rives, ou encore de saumons qui remontent les rivières peu profondes.

À gauche : **Un trio de Bernaches du Canada.**

On surprendra peut-être aussi des groupes d'oiseaux de proie qui, en pleine migration, profitent des courants d'air chaud du Saguenay.

C'est encore le secteur de Tadoussac qui remporte la palme quant aux sites d'observation des rapaces et ce, non seulement sur l'ensemble du fjord mais à l'échelle du Québec. Il est arrivé qu'on observe l'envol d'une centaine d'oiseaux à l'heure : des Balbuzards (le seul rapace pêcheur du fjord), des Éperviers bruns, des Autours des palombes, des Buses à queue rousse, des Petites buses, des Aigles royaux, des Crécerelles d'Amérique et d'autres trop éloignés pour qu'on puisse les identifier. Comme ces oiseaux suivent habituellement les montagnes, Tadoussac pourrait faire figure de plaque-tournante

Ci-dessus :
Envolée de Bernaches.

À gauche :
L'Eider à duvet.

Page suivante, en bas :
Cormorans.

Page suivante, en haut :
Bernaches sur les battures.

migratoire où convergent plusieurs vallées (Sainte-Marguerite, Petite et Grande Bergeronnes, le fjord et la vallée du Saint-Laurent).

Le secteur de La Baie ne manque pas non plus de prestige, puisque le Faucon pèlerin y a déjà niché, de même que sur le cap Trinité et au sud de l'embouchure du fjord. En général, le fjord est un excellent site de nidification pour le Faucon pèlerin qui, aux abords des baies et des agglomérations urbaines ne fera qu'une bouchée des Goélands à

Grand-duc majestueux. Centre de réhabilitation des battures de Saint-Fulgence.

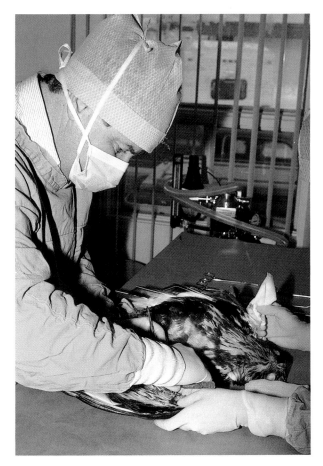

Le docteur Yves Dubord opérant un rapace.

bec cerclé. L'élégant chasseur fera d'abord du sur-place au-dessus de sa proie, puis, tête baissée, il fonce sur elle.

On ne saurait passer sous silence le Centre de réhabilitation des rapaces et le travail acharné de son fondateur, un vétérinaire pour le moins original. Yves Dubord, Saguenayen d'adoption, lâche au-dessus des battures à chaque automne une quarantaine d'oiseaux dont il a guéri les blessures. Le plus souvent atteints par les chasseurs, ces oiseaux ont plus de chance que 99% des autres que leur chute emporte loin des regards.

LES OISEAUX AQUATIQUES

Les oiseaux marins ne trouvent pas dans le fjord un milieu aussi propice que celui de la mer étant donnée la couche d'eau douce qui recouvre l'eau salée. Autant plusieurs colonies, comme les mouettes, pourraient bénéficier des falaises pour établir leur nid, autant l'écosystème marin ne satisfait pas leurs besoins.

Au printemps et à l'automne, du côté de Saint-Fulgence ou de La Baie, de nombreux canards font une halte dont plusieurs canards plongeurs, entre autres des canards de mer : pilets, noirs, malards, bruns, sarcelles, branchus et colverts.

LES SITES D'OBSERVATION

Les meilleurs sites d'observation des oiseaux se trouvent habituellement à proximité des habitations ou des baies, à cause de l'accessibilité de ces milieux moins escarpés et, surtout, parce qu'ils comportent des plages et des battures où les oiseaux trouvent en abondance de quoi satisfaire leurs besoins. Dans la région du Saguenay, Tadoussac, Anse-Saint-Jean, Baie-Éternité, Baie-des-Ha! Ha! et Saint-Fulgence sont autant de sites privilégiés. Toutefois, Saint-Fulgence, doté du Centre d'interprétation des battures, prédomine. C'est, en effet, le seul endroit au Québec où l'on est assuré de voir le Bruant de Le Conte, cet oiseau est rare au Québec.

Ce sont cependant les Bernaches qui constituent l'attraction majeure des battures de Saint-Fulgence, du mois de mars à la fin d'avril ou au début de mai. Des milliers de spécimens y font halte se repaissant de scirpe en attendant le dégel des lacs au nord où ils séjourneront pendant l'été. Un sous-groupe, dont le nombre ne cesse de croître, reste néanmoins sur les battures de Saint-Fulgence depuis les années 1980. Ces Bernaches aussi appelées outardes,

proviendraient d'une sous-espèce prolifique qui niche dans le sud du New Jersey, et dont la jeune génération manifeste une forte tendance aux voyages. On s'attend à ce qu'une population vienne bientôt nicher sur les battures. Dès lors, le Saguenay aurait sa propre famille de Bernaches.

On observera également quelques Oies blanches, la Bernache cravant, plusieurs espèces de Canards, de Hérons, le Bihoreau à couronne noire et le Butor d'Amérique qui, lui, niche au sol parmi les grandes herbes.

La Baie-des-Ha! Ha!, avec sa ceinture routière et ses nombreuses haltes, fait le bonheur des ornithologues et enchante les promeneurs du dimanche. Mentionnons enfin, parmi les nombreux points d'observation du fjord, les plus accessibles : le cap Jaseux, les baies de Sainte-Rose-du-Nord, l'anse de Tabatière à Anse-Saint-Jean, le sentier de la statue à Rivière-Éternité et les quais.

LES MAMMIFÈRES MARINS
UNE NOMENCLATURE COMMENTÉE

Aux environs de l'embouchure du Saguenay, plusieurs espèces de mammifères marins vont et viennent : le rorqual bleu est réputé le plus grandiose; la baleine à bosse, le plus spectaculaire; le rorqual commun, le plus ordinaire; le petit rorqual, le plus enjoué; le cachalot, le plus rare et le béluga, le plus sympathique.

LE RORQUAL BLEU

En termes de taille, aucun animal à travers les âges n'a égalé le rorqual bleu, communément appelé la baleine bleue ou, plus familièrement, «la bleue». On trouve ce mammifère marin sous à peu près tous les cieux, des tropiques aux régions polaires. Durant l'été, les plus gros spécimens fréquentent l'Antarctique où abonde le krill, comme c'est également le cas dans l'estuaire et dans le golfe du Saint-Laurent.

Les plus grandes bleues, repérées dans l'hémisphère sud, mesuraient plus de 30 m et leur poids dépassait les 150 tonnes. À la latitude du Saint-Laurent, on a déjà capturé des individus de 23,5 m.

Malgré leur masse, les rorquals bleus sont plutôt élancés, presque ondulants. Quand l'animal fait

À gauche : **Queue de rorqual à bosse. On peut identifier certaines baleines aux cicatrices et aux marques qu'elles ont sur la queue.**

surface pour respirer, sa tête émerge d'abord, puis il émet un jet de quelque 9 m. Son dos apparaît ensuite pour disparaître dès qu'il amorce son plongeon, dérobant à nos regards fascinés sa nageoire dorsale, puis les impressionnants battoirs (près de 5 m) de sa nageoire caudale. L'émergence de celle-ci longtemps après que le dos ait fendu la surface, caractérise le rorqual bleu pour peu qu'il sorte la queue avant de replonger. En réalité, la couleur de ce mammifère marin varie du gris-bleu au gris pâle, tandis que le dessous des nageoires pectorales est tout à fait blanc.

Les baleines bleues arrivent dans le golfe en avril ou en mai, à mesure qu'augmentent les surfaces d'eau libre. Leur population atteint un maximum de densité au cours des mois d'août et de septembre, ce qui est une meilleure garantie pour les observateurs. Elles séjournent néanmoins dans les eaux du Saint-Laurent jusqu'en décembre.

Au début du siècle, on dénombrait plus de 200 000 rorquals bleus à travers les océans de la

planète. Il n'en reste plus que quelques milliers, d'où l'importance de leur aménager une sérieuse protection.

LE RORQUAL COMMUN

Après le rorqual bleu, le rorqual commun est le plus gros des cétacés. En dépit d'une chasse intensive qui fut stoppée en 1972, cette espèce est beaucoup plus abondante et occupe, partant, une aire passablement plus vaste.

Le rorqual commun a sa façon de faire surface : tout d'abord, sa tête fend l'eau et il respire juste avant l'apparition de sa nageoire dorsale; à la suite d'une série de plongées, il laisse émerger son dos, mais très rarement sa queue.

Ces mammifères très rapides malgré leur masse arrivent en grand nombre au mois de juillet et cohabitent dans le Saint-Laurent avec les

Un rorqual commun émerge de l'eau.

baleines bleues, puisant leur nourriture le long de la Côte-Nord pendant l'été et l'automne. En 1976, dans un intervalle de vingt-quatre heures, on enregistra le déplacement d'un groupe de rorquals communs de Tadoussac à Baie-Comeau, soit une distance de 150 km.

Les chercheurs ignorent l'aire d'hivernage et de mise bas des espèces de rorquals. La mesure de leur population n'est pas très précise, mais on estime que des 8 000 individus dans les eaux canadiennes avant leur exploitation, il n'en resterait plus que la moitié. On en dénombre à peine 340 dans le Saint-Laurent. On a observé que le rorqual commun vit en groupe de 27 à 40 individus chacun.

Depuis 1984, on dispose d'une cinquantaine de fiches d'identification concernant des spécimens très précis reconnaissables par certaines particularités

Kayakiste en compagnie de rorquals à bosse.

physiques qu'on a pris soin de photographier. Ces rorquals révèlent que plusieurs reviennent annuellement dans le même secteur et peuvent y séjourner pendant trois mois.

La famille des rorquals produit un éventail de sons classés en neuf catégories reliés à différents contextes sociaux et comportementaux, mais personne n'est encore parvenu à déchiffrer ce langage mystérieux.

LA BALEINE À BOSSE

Les baleines à bosse, qui n'ont pas leur pareil comme acrobates, sont les vedettes de l'estuaire. Ces rorquals longiformes peuvent atteindre jusqu'à 16 m et elles sont curieusement affublées d'une bosse, sinon de plusieurs : une sur le devant de la mâchoire inférieure, des chapelets de nodules sur la tête et, ce

qui lui vaut son nom vulgaire, l'énorme protubérance sur laquelle sa nageoire dorsale semble prendre appui. Les nageoires pectorales au bord antérieur frangé sont remarquablement longues, couvrant pratiquement le tiers de sa longueur totale. De grosses balanes parasitent leurs nageoires pectorales et caudale, et leur menton. Le corps de cette espèce est généralement noir, mais plusieurs spécimens présentent des nageoires pectorales totalement ou partiellement blanches. Comme ces rorquals soulèvent généralement la queue en plongeant, on peut observer sur le ventre de chaque individu un motif unique de pigmentation noir et blanc, ce qui assure un moyen d'identification d'autant plus fiable qu'on peut également photographier des cicatrices ou des difformités.

Bien qu'elles fussent autrefois très abondantes, les populations de baleines à bosse ont été décimées

par la chasse. Néanmoins, on en compte un certain nombre dans le nord-est du Pacifique et dans le nord-ouest de l'Atlantique où des signes de rétablissement se font sentir : on y dénombrait récemment 3 000 spécimens.

Fréquente sur la basse Côte-Nord, la baleine à bosse s'aventure rarement dans le secteur des Bergeronnes, près de Tadoussac. Cependant, des habituées y piquent une pointe chaque année, dont Siam, bien connue des naturalistes.

LE CACHALOT

Presque aussi légendaire que le narval, depuis le célèbre roman de Melville, *Moby Dick*, le cachalot est l'ancêtre des cétacés et d'autant plus fascinant qu'il se fait rare.

Ce mammifère marin fréquente les eaux profondes et peut plonger à plus de 2 000 m. Contrairement aux autres espèces, il n'a pas de narines à l'arrière du museau; son évent consiste en une fente en forme de S située en avant du museau et franchement à gauche. Cette position singulière de l'évent entraîne un jet touffu orienté vers l'avant-gauche, ce qui permet d'identifier le cachalot à distance.

Sa tête disproportionnée offre un profil pratiquement carré. Les mâles sont incidemment beaucoup plus gros que les femelles; ils peuvent atteindre 18 m de longueur et peser plus de 50 tonnes, alors que leurs compagnes dépassent rarement 12 m. Leur couleur varie du gris-brun au noir. Les cachalots se nourrissent principalement de calmars, de pieuvres, de poissons des grands fonds

Page de gauche, en haut :
La *Marie-Clarisse* et un petit rorqual dans la baie de Tadoussac.

Page de gauche, en bas :
Deux bélugas nagent de concert.

et de plusieurs autres espèces. On en repère au large des deux côtes du Canada, l'été et l'automne. Dans l'Atlantique, les mâles longent la pente continentale jusqu'au détroit d'Hudson, mais ils sont apparemment peu nombreux à pénétrer dans le golfe du Saint-Laurent. À vrai dire, on n'a jamais vu que deux cachalots au large de Tadoussac, bien qu'un original, surnommé Tryphon, s'y fait voir régulièrement depuis 1990.

LE PETIT RORQUAL

Parmi les cétacés, le petit rorqual est le plus répandu à travers les océans de la planète et le plus abondant dans le Saint-Laurent où il séjourne depuis les débuts du printemps jusqu'à la fin de l'automne. On l'aperçoit ici et là dans l'estuaire maritime, mais il manifeste une préférence pour les zones côtières. Ces petites baleines à fanons circulent presque tous les jours dans l'embouchure du Saguenay d'où elles remontent régulièrement vers le cap de la Boule à quelque trois kilomètres en amont. On en a observé dans la baie Sainte-Marguerite et jusqu'à Saint-Fulgence. Le petit rorqual est un solitaire qu'on rencontre tout de même quelquefois en compagnie de deux ou trois congénères. On soupçonne que chacun garde son propre territoire d'une année à l'autre.

Le jet de ce rorqual est bas et touffu, ce qui ne facilite guère sa localisation dans les mers agitées. Les jeunes individus sont particulièrement curieux : ils s'approchent volontiers des bateaux immobiles et ils nagent tout autour. Ces cétacés ont le dos noir et le ventre blanc; une grosse tache blanche sur des nageoires foncées les distingue des autres groupes de la famille. Les nouveaux-nés mesurent quelque 2,8 m et la longueur maximale des adultes atteint les 10 m.

Les petits rorquals se caractérisent également par leurs bonds fréquents hors de l'eau : des sauts parfois nets et d'autres en pirouette après avoir

Deux sentinelles imposantes…

Troupeau de bélugas dans l'estuaire du Saguenay.

tracé des cercles rapides et serrés autour d'un banc de poissons. Leurs fanons courts et pour la plupart blancs servent à capturer une grande variété d'organismes marins, notamment du poisson, du zooplancton et même du calmar.

LE MARSOUIN COMMUN

Le marsouin commun surgit de l'eau comme un éclair et replonge aussitôt; comme il ne dépasse pas 2,2 m et ne produit que peu d'éclaboussures, on ne le repère pas facilement. Autrefois le plus abondant des cétacés dans l'estuaire, sa présence décroît de nos jours si rapidement qu'on songe à modifier son statut pour celui de vulnérable (juste avant le statut d'espèce menacée) pour le mieux protéger.

Les marsouins se tiennent généralement en petits groupes de trois à cinq, mais on les trouve parfois en grande formation d'une cinquantaine d'individus. On les repère à la hauteur des Escoumins à la mi-juillet et ils s'aventurent rarement au-delà de l'embouchure du Saguenay. Ils se déplacent en fonction des mouvements du hareng, leur principale source de nourriture. Avec les phoques communs, ils comptent parmi les mammifères marins les plus contaminés du Saint-Laurent, mais ce sont les bélugas qui remportent cette dramatique palme.

Moins spectaculaire que d'autres espèces, le marsouin commun présente des comportements plus énigmatiques ou, en tout cas, plus discrets : entre autres, il ne plane pas comme le font ses cousins sur la vague d'étrave des bateaux et ses apparitions à l'air libre ont lieu sans éclat.

Ces beaux animaux sont hélas! menacés d'extinction.

LE BÉLUGA

La présence des bélugas dans l'estuaire du Saint-Laurent remonterait à plus de 10 500 ans et serait en lien avec les processus de la dernière glaciation. En regard du rayon circumpolaire, l'allégeance arctique de cette espèce atteint ici sa limite méridionale. En 1535, Jacques Cartier mentionnait déjà l'abondance du marsouin blanc entre Tadoussac et Québec. Depuis, la destinée du béluga a été pour le moins bouleversée. Les Amérindiens le chassaient déjà dans le secteur de l'Île-aux-Coudres et, à la fin du XVIe siècle, les Basques en firent autant. Les colons français s'y intéressèrent plus tard, si bien que la chasse aux bélugas fut intensive de 1720 jusqu'aux environs de 1955; en 1979, une loi fut adoptée, prohibant aussi bien la chasse sportive que la chasse commerciale de cet animal.

Les habitants de la Nouvelle-France avaient inventé une technique de capture de la baleine blanche le long des rives du Saint-Laurent. La pêche dite aux marsouins s'effectuait en aménageant des parcs ou des pièges sur le parcours des baleines qui se rapprochaient des rives. Disposées à intervalles réguliers, les rangées de perche orientaient les baleines dans un cul-de-sac où les pêcheurs, à marée basse, n'avaient plus qu'à les tuer à coups de lance. Il est déjà arrivé qu'on tue plusieurs centaines d'animaux en une seule marée. On a dénombré plus de 16 000 captures de bélugas entre 1866 et 1960.

Il y a quarante ans, le gouvernement du Québec récompensait, à raison de quinze dollars pièce, la chasse aux bélugas dont le surnombre aurait contribué à déséquilibrer le taux de morue et de hareng. On pouvait lire dans *La Presse* du 27 avril 1950 : «ce sport procure toutes les émotions des

Béluga solitaire dans le fjord.

Ce phoque se prélasse dans l'eau bleue.

grandes chasses aux fauves». L'auteur regrettait même les anciennes chasses massives, «puisqu'il n'existe plus de marché pour les huiles de poisson». Le ministère des Pêcheries avait alors fixé un quota annuel de 750 prises, ce qui, selon le biologiste Vladimir Vladikok, ne compromettait nullement la survie de l'espèce.

Aujourd'hui, les recensements aériens indiquent que la population se limite à quelque 500 individus. On en conclut que, non seulement cette population ne s'est pas rétablie depuis l'interdiction de chasse, mais qu'elle continue de régresser. On croit que le taux de mortalité chez les bélugas est supérieur à celui qui affecte les grands mammifères marins; aussi, en 1983, le béluga du Saint-Laurent a-t-il été porté sur la liste des populations menacées. Les principaux facteurs de mortalité précoce seraient la

Rare mais impressionnante, une baleine bleue.

perte d'habitat, le harcèlement et l'intoxication. Le déclin de l'espèce aurait-il atteint un seuil critique ou, même, le point de non-retour? C'est une hypothèse qui préoccupe des chercheurs. Entre 1983 et 1991, l'analyse de cent trente carcasses à la dérive a révélé des taux de contamination d'autant plus inquiétants que les éléments toxiques s'accumulent entre autres dans le lait maternel.

Les bélugas se nourrissent des poissons suivants : capelan, lançon, crapaud de mer, loche, plie, morue et saumon auxquels s'ajoutent un grand nombre d'invertébrés.

C'est dans le Saguenay que furent réalisés les premiers enregistrements des vocalisations du béluga dont le répertoire s'étend sur un continuum de sifflements et de sons pulsés. On est parvenu à établir certaines corrélations entre différents types de sons (sifflements, claquements, sons pulsés) et des niveaux d'activité sociale.

Un peu plus imposant que la femelle, le béluga mâle mesure jusqu'à 5 m et peut peser plus de 2 000 kg. En termes de moyenne cependant, les dimensions sont plus réduites. Les nouveaux-nés mesurent 1,5 m et sont généralement gris ou brunâtre. La couleur varie du gris vers le bleu durant leur huit premières années et une fois devenus adultes, c'est-à-dire féconds, les bélugas sont tout blancs, sauf les nageoires pectorales et caudale dont la bordure reste foncée.

Des plis de gras apparent confèrent au béluga un aspect bosselé; il se caractérise également par l'absence de nageoire dorsale et il peut imprimer plusieurs formes à la partie antérieure de sa tête. La bouche courte et large est légèrement fendue

Le rorqual commun.

au centre. Les mâchoires portent de 40 à 44 dents coniques dont le béluga ne se sert pas pour attraper ses proies puisqu'il les happe par succion, régurgitant ensuite l'eau absorbée. Un peu comme sur le tronc d'un arbre, on peut lire son âge sur ses dents qui produisent annuellement deux anneaux circulaires.

LE PHOQUE COMMUN
On trouve presqu'en tout temps des phoques dits «communs» dans l'estuaire du Saint-Laurent et dans le Saguenay. Cette espèce côtière affectionne particulièrement les baies et les embouchures de rivières. Elle est sédentaire et vit en petits groupes plus ou moins isolés les uns des autres. Avec le béluga, le phoque est le seul mammifère marin

installé à demeure dans le Saint-Laurent. Environ 700 phoques communs, estime-t-on, résident dans l'estuaire du Saint-Laurent, sur la rivière Saguenay et jusqu'à la Baie-des-Ha! Ha! D'après les travaux de Pierre Béland, il s'agit de la deuxième espèce la plus contaminée dans le Saint-Laurent.

QUI OBSERVE QUI?
Les dimensions démesurées des baleines nous déconcertent en même temps que leurs mœurs observables ou légendaires nous fascinent. En tout cas, la nature a voulu qu'on voie ces mammifères marins qui doivent fendre la surface des eaux pour accomplir leur cycle respiratoire. Suivant les espèces, on peut apercevoir à des kilomètres le jet qu'émettent leurs évents ou entendre

Le rorqual commun produit un éventail de sons classé en neuf catégories reliés à différents contextes sociaux.

l'éclaboussement de l'eau que produisent leurs prouesses.

Qu'en est-il au juste de ce jet qui semble sortir de la tête des baleines? Il résulte, en fait, de la condensation de vapeur d'eau et de fines gouttelettes d'huile que les évents (ou les narines) des cétacés pulvérisent au moment de l'expiration. Les «monstres marins», comme les appelle la Bible, émergent alors pendant quelques instants et par intermittence, avant de replonger vers les grands fonds. On peu alors mesurer du regard les gigantesques dimensions de leur dos et, dans le cas des baleines bleues, leur étonnante nageoire caudale.

À d'autres moments plus rares encore, on

assistera, ébahis, à des sauts hors de l'eau. Certains rorquals peuvent aussi se prélasser sur le dos ou sur le flanc, frappant sporadiquement l'eau de leur nageoire latérale. Certaines espèces s'approchent volontiers des humains. Sortant leur immense tête de l'eau, elles viennent jeter un petit œil curieux. On les sentira également passer sous les embarcations pneumatiques, on les verra émerger tout près des bateaux et, à l'occasion, asperger les occupants.

Les baleines sont réputées pour le caractère pacifique de leurs rapports avec les humains, à moins qu'elles ne soient victimes de harcèlement de la part de spectateurs un peu trop hardis. Comme les cétacés sont dotés d'organes de localisation éminemment précis, ils n'ignorent rien de la position des bateaux ou de quiconque s'aventure dans leurs parages. Dans les situations qui les offensent, les baleines peuvent tout aussi bien frapper violemment l'eau avec leur queue en signe de protestation ou diriger une puissante vague vers les intrus. Quoi qu'il en soit, elles n'abusent pas de la supériorité de leur taille ou de leur force, ce qui n'est pas la moindre des leçons qu'elles nous donnent.

LES EXCURSIONS DANS L'ESTUAIRE DU SAINT-LAURENT

L'observation des mammifères marins compte parmi les activités touristiques les plus recherchées dans la région de Tadoussac, plus précisément de la baie Sainte-Catherine aux Escoumins.

Les excursions organisées, non seulement fixent dans la mémoire d'inoubliables impressions, mais elles comportent également une dimension éducative non négligeable. En effet, à bord de certains bateaux d'excursions, un naturaliste du Groupe de recherche et d'éducation sur le milieu marin (GREMM) informe les participants sur les cétacés eux-mêmes, sur les raisons de leur présence dans l'estuaire du Saint-Laurent et sur les conditions de leur survie.

Cette initiative pédagogique a pour but de sensibiliser les observateurs aux dommages que peuvent causer les plaisanciers qui pourchassent les mammifères marins ou qui entravent leur route. Non seulement des blessures risquent alors de leur être infligées, mais certaines populations bifurquent carrément pour aller séjourner dans des milieux plus calmes.

L'HISTOIRE RÉCENTE DES EXCURSIONS

On doit la création de ces activités touristiques au navigateur Henri Otis, issu d'une grande famille de chasseurs de la Côte-Nord, et à André Tremblay qui fut le premier à offrir un forfait «hébergement-baleines» à son auberge de jeunesse de Tadoussac, au seuil des années 1980.

Aux Bergeronnes, c'est l'Amérindien Levis Ross qui lança les excursions à bord d'un yacht. Il fut bientôt suivi par la population bergeronnaise qui créa le festival annuel de la Baleine Bleue.

À cette époque, on ne savait pas grand chose des baleines qu'on appelait familièrement *gibards*, marsouins, épaulards ou *pourcies*. S'amenèrent entre-temps les biologistes qui détenaient la science et le vocabulaire *ad hoc*. Une distance un peu froide caractérisa leurs premiers contacts avec la population, marquée par une longue tradition de chasse. Aujourd'hui, tout ce monde travaille de concert à comprendre et à protéger l'habitat des mammifères marins.

Deux genres d'excursions sont offerts selon le type d'embarcation. À bord de navires ultra-modernes, parfaitement confortables et relativement spacieux, on dominera de haut l'estuaire, portant d'autant plus loin le regard. À moins d'épaisses brumes, la sortie de quelques heures se déroulera dans des conditions idéales et l'on est à peu près assuré d'observer les fascinantes allées et venues des baleines.

D'autre part, un peu moins confortables et pratiquement au niveau de l'eau mais tout à fait sécuritaires, les pneumatiques permettent une plus grande proximité avec les cétacés et procurent des émotions d'autant plus fortes. À cet égard, signalons ce jour d'été de 1992 ou un espiègle rorqual commun souleva l'une de ces embarcations pour aussitôt la déposer délicatement sur l'eau. Ces pneumatiques et les hors-bords, de plus en plus nombreux à offrir des excursions touristiques, sont évidemment plus manœuvrables que les navires et peuvent, par conséquent, réagir plus promptement.

La goélette *Marie-Clarisse* offre, quant à elle, des avantages intermédiaires et le *Pierre Chauvin*, propriété des citoyens de Tadoussac, est en fonction depuis

1985. De surcroît, certaines compagnies proposent un type d'excursion qui conjugue l'observation des baleines et la découverte du fjord du Saguenay.

LE PARC MARIN DU SAGUENAY

En 1990, les gouvernements fédéral et provincial amorçaient le projet d'un parc marin dans la région du Saguenay. Le territoire de ce parc marin comprendrait le secteur de l'estuaire du Saint-Laurent à l'embouchure du Saguenay, à partir de la falaise Le Nid de Corbeau jusqu'au cap Bon-Désir, à la largeur de l'île Rouge; il comprendrait également une large part du fjord lui-même jusqu'au cap à l'Est. Ce territoire embrasse les fonds marins, la colonne d'eau qui les recouvre, le sous-sol, le pourtour des îles et les terres du littoral sous le niveau des eaux. Certains éléments de la délimitation restent à circonscrire sur le plan légal.

L'objectif clé des parcs marins nationaux vise la protection des aires naturelles qui renferment un très précieux patrimoine pour les générations à venir. S'y rattachent également des objectifs d'éducation et de loisirs destinés au grand public.

La principale menace du milieu marin réside évidemment dans les effets à court, à moyen et à long termes de la pollution dont est surtout responsable le bassin hydrographique des Grands Lacs et du Saint-Laurent. Bien qu'extérieures aux limites du parc, ces sources de pollution ne manquent pas d'y orienter d'importantes charges de substances toxiques. C'est pourquoi le gouvernement canadien, dès 1988, consacrait 110 millions de dollars à des programmes visant à réduire de 90% les rejets liquides d'une cinquantaine d'usines qui empoisonnent le Saint-Laurent, et dont huit déversent leurs résidus polluants dans la rivière Saguenay.

En bas : **La puissante respiration des rorquals communs.**
Pages suivantes :
L'embouchure du fjord et la baie de Tadoussac

LE ROYAUME
DU SAGUENAY

Le Cours du Saguenay depuis son entrée jusque à la rivière de Chékoutimi.

CHEKOUTIMI

FLEUVE St LAURENT.

LE

NOTES HISTORIQUES

S I d'importants sites archéologiques sont établis au confluent du Saguenay et de l'estuaire maritime du Saint-Laurent, les fouilles n'en continuent pas moins de contribuer au déchiffrage de l'histoire du continent nord-américain. Ces sites renseignent notamment sur les voies de pénétration et d'occupation qu'utilisèrent les plus anciens explorateurs.

L'occupation du territoire québécois remonte à 8 000 sinon 11 000 ans. La région du Saguenay offre hélas peu ou prou de vestiges de cette période dite paléo-indienne. De nombreux éléments procurent toutefois des informations sur l'époque archaïque, soit de 4 000 à 500 ans avant notre ère et sur la période sylvicole qui s'étend du sixième siècle avant notre ère jusqu'à l'arrivée de Jacques Cartier. L'absence de vestiges de poterie caractérise la période archaïque et leur présence, la période sylvicole.

LA PÉRIODE ARCHAÏQUE

Les humains de la période archaïque tiraient déjà de la mer une part de leur nourriture. On pense même qu'ils mangeaient de quatre à cinq fois plus de phoques que de gros gibier tel que le caribou ou l'orignal. Sur les sites archéologiques, on trouve d'abondants fragments osseux de castors et, dans une moindre mesure, de poissons et d'oiseaux de rivage. L'analyse rigoureuse des vestiges mise à jour (os, couteaux, grattoirs, herminettes) suggère que, pour les habitants des régions à l'ouest et au sud du fleuve, la ressource maritime avait quelque chose de vital.

Le cours du Saguenay depuis son entrée jusqu'à la rivière de Chékoutimi. Carte dessinée en 1748, B.N.

LA PÉRIODE SYLVICOLE

Plus récente, la période sylvicole est mieux connue des archéologues.

Des fragments de poterie de l'âge sylvicole moyen et supérieur renvoient à deux traditions, dont la plus importante semble algonquine. La découverte de nombreux objets de facture iroquoise laisse entendre que les Iroquois de la région de Québec fréquentaient aussi les régions du Saguenay et de Tadoussac, plaque tournante des civilisations anciennes, depuis quelques siècles avant l'arrivée de Jacques Cartier. Ils connaissaient donc l'existence des mammifères marins et il est probable que Tadoussac fut un royaume de chasse et de pêche.

La légende de Mayo. (Société historique du Saguenay)

Page précédente :
L'austère cap Trinité.

Les recherches du professeur Jean-François Moreau, du laboratoire d'archéologie de l'Université du Québec à Chicoutimi, démontrent que des objets de fabrication européenne circulaient couramment sur le territoire du Saguenay-Lac-Saint-Jean avant la fin de la période sylvicole. Notamment, des perles de verre datant de la fin du XVIe siècle ont été trouvées sur le site d'anciens postes de traite à Chicoutimi, à Métabetchouan et à l'embouchure du lac Chamouchouane.

LA LÉGENDE DE MAYO

D'après une légende montagnaise, la splendeur du cap Trinité n'est pas étrangère au mystérieux exploit du premier de tous les Indiens de l'histoire.

Il y a des milliers et des milliers de lunes, vécut Mayo, premier grand Sagamo, chef des chefs et ancêtre de tous les Montagnais qui, après lui, devaient occuper l'immense et giboyeux royaume du Saguenay. Sa taille dépassait les immenses pins blancs de la montagne et il descendait le Saguenay à bord de son gigantesque canot d'écorce. Les murailles du fjord paraissaient minuscules et étroites quand le géant franchissait la baie Éternité. À l'endroit des plus hautes profondeurs, à peine l'eau

La grotte Numéro Quatre située à la Petite-Île.

lui arrivait-elle aux hanches; Mayo était aussi grand que le cap Trinité qui s'élevait alors bien droit, massif et lisse, au-dessus des flots.

C'était une époque de paix : l'Être suprême avait immergé dans le Saguenay tous les mauvais manitous qui menaçaient les habitants. Vint néanmoins le jour où, pagayant doucement, il vit surgir de la rivière un mauvais manitou qui semblait l'attendre depuis toujours, caché dans les profondeurs du Saguenay. Le monstre meurtrier se rua sur lui. Mayo eut le temps d'apercevoir une immense morue à la tête disproportionnée dont l'allure lui sembla plus répugnante encore que celle du crapaud de mer, mais dont la force n'avait pas d'égal. Un violent combat s'engagea entre eux jusqu'à ce que le bon Mayo saisisse le mauvais

esprit par la queue et le fracasse contre la montagne. À trois reprises, la bête heurta le cap Trinité, érodant autant de fois le flanc de la falaise. Au premier coup, le monstre fut surpris; le deuxième coup le foudroya et il fut lamentablement broyé par le troisième.

Voilà la genèse des trois entailles qui marquent le cap Trinité quand on le regarde à partir de la mer : là où le mauvais manitou heurta la montagne, aucun arbre n'a jamais poussé.

D'ailleurs pour peu qu'on scrute attentivement le relief de la falaise, on peut discerner les traits de Mayo : front tranchant, nez prononcé et menton avancé. Sans doute son esprit y loge-t-il à jamais, veillant sur les Montagnais et sur tout autre habitant

Autre vue de la grotte Numéro Quatre.

du fjord, afin qu'aucun mauvais esprit ne vienne encore troubler leur paix.

LES GROTTES ET LEURS VESTIGES

Tel que mentionné précédemment, on trouve d'étonnants sites archéologiques sur le Saguenay; par exemple, à Chicoutimi ou encore, à Saint-Félix-d'Otis, le site de l'anse à la Croix. On trouve surtout, en longeant le fjord, quatre grottes pour le moins fascinantes qui furent utilisées comme abris par les Amérindiens pendant plus de quatre siècles. Un rapport détaillé, publié en 1961 par la revue *Saguenayensia*, fait état de fouilles archéologiques menées par des amateurs, à la suite d'une initiative de Monseigneur Victor Tremblay de la Société

historique du Saguenay. Ceux-ci ne furent pas les premiers contemporains à explorer les grottes en question : des pêcheurs et des gens du coin y avaient même déjà effectué des prélèvements superficiels.

En 1946, le vieux pêcheur Roger Thérien racontait à Monseigneur Tremblay comment, encore enfant, il avait découvert les deux premières grottes. C'était vers 1880 alors qu'il était monté dans les parages avec son père pour y manger des framboises. L'homme et l'enfant découvrirent la première grotte où ils trouvèrent des fragments d'écorce, comme s'il s'agissait de deux canots brisés à coups de hache; ils découvrirent ensuite la seconde qui abritait un canot. Roger retourna sur les lieux beaucoup plus tard et il trouva dans la seconde grotte la «pince» d'un canot, encore en bon

En haut
Grotte Numéro Trois, près de Tadoussac.

Ci-dessus :
Détail de la grotte Numéro Quatre.

Page suivante :
La grotte Numéro Quatre, extérieur.

état et cousue au moyen de racines. Il trouva aussi quelques ossements, apparemment les phalanges d'une main, quelques vertèbres et des dents de provenance humaine. «J'ai entendu dire qu'on avait trouvé des cadavres dans ces grottes», confia-t-il à Victor Tremblay.

Les grottes numérotées 1 et 2 sont situées à l'embouchure du fjord, à quelques kilomètres de Pointe-Noire. À flanc de montagne, dissimulées dans un pierrier et masquées par une abondante végétation, elles ne sont pas visibles du rivage. On rapporta 723 artefacts des fouilles effectuées dans la première grotte à la fin des années 1940 et au cours des années 1950. Une telle cueillette étonne d'autant plus que cette grotte est exiguë et ouverte au vent ou à la pluie. Tout à côté, la grotte n° 2 semble prêter davantage à l'occupation humaine.

Deux cent seize artefacts en furent extraits dont un crâne humain présumé algonquin. Pour le reste, il s'agissait soit d'ornements faits de coquilles de mollusques, soit d'ossements humains ou d'animaux, soit de cendre et de charbon, soit enfin de copeaux d'écorce qui servaient à la fabrication des paniers, des sacs et des récipients, de même qu'à l'emballage des fourrures.

Située sur la rive opposée, la grotte n°3 fait pratiquement face aux deux premières. Accrochée comme elles à la montagne, elle offre également un point de vue magnifique sur la rivière; elle se trouve aussi dissimulée par la végétation. L'uniformité du sol et une profondeur suffisante pour faire abri la rendaient particulièrement propice à l'occupation humaine.

Plutôt marginale la quatrième anfractuosité est située à quinze milles marins des autres, sur un îlot magnifique érigé en paliers. La Petite Île, un des deux îlets Jérémie près de l'anse Gagnon, n'est pas facile d'accès, mais tout à fait sublime. Sur les hauteurs du versant sud-ouest, la grotte présente une conformation géologique différente de tout ce qu'on trouve sur le Saguenay. De forme triangulaire, sa hauteur passe de 2 m à l'entrée à 30 cm à l'autre extrémité. Son caractère unique tient aux jeux millénaires du sable et des vents qui creusèrent de nombreuses cavités circulaires dans la partie gauche. Quelque chose d'éblouissant dans cette pierre érodée éternise l'insaisissable mouvement des éléments de la nature.

LES NATIONS AUTOCHTONES

Quand débarquèrent les explorateurs blancs au XVIe et au XVIIe siècles, la portion nord-américaine du Nouveau-Monde était habitée par 1,1 million d'autochtones dont 220 000 au Canada et 25 000 au Québec. Ceux qu'on appelle globalement les Amérindiens du Nord comportent trois grandes cultures qui parlent au total 200 dialectes. Les Montagnais et les autres nations installés dans la région du Saguenay appartiennent à la famille algonquine répartie sur l'ensemble de la forêt boréale, du Labrador jusqu'aux Rocheuses. Selon certaines sources, leur présence remonterait à un millénaire, mais de plus amples recherches archéologiques effectuées à l'embouchure de la rivière Chicoutimi tendent à démontrer que cette civilisation aborigène aurait 5 000 ans. Ce sont les occupants français qui donnèrent le nom de Montagnais à ces peuples de montagne. En réalité, il s'agit d'un peuple plus ou moins nomade appelé Ilnout ou Innu, ce qui veut dire l'homme, le peuple. Selon la région habitée, on distingue les Montagnais du littoral qui, incidemment, établirent les premiers contacts avec les Blancs; ceux de l'intérieur et, enfin, les groupes limitrophes comme les Kakouchacs, ce qui veut dire porcs-épics.

Pour ce qui est de la répartition ethnique sur le territoire du Saguenay, on distingue les groupes suivants : les Papinachois sur le littoral de Tadoussac, les Chicoutimiens sur les rives du Saguenay et, plus au nord, les Piékouagamiens ou les Kakouchacs dans la région du Lac-Saint-Jean.

Les Iroquois, installés au sud du fleuve, pénétraient à l'occasion dans le Saguenay pour fins d'échanges commerciaux, mais on ne leur attribue aucune installation dans cette zone, contrairement à d'autres Montagnais plus sédentaires qui érigèrent de nombreux villages et pratiquèrent l'agriculture.

LES DÉBUTS DE LA PRÉSENCE EUROPÉENNE

En dépit de nombreux périls maritimes, les premiers Européens à s'approcher du Saguenay étaient des pêcheurs de morues et des chasseurs de baleines : Basques, Normands, Bretons, qui

Baie Sainte-Marguerite à marée basse.

auraient exploité les bancs de Terre-Neuve dès 1372. Ils débarquaient sur les côtes le temps de transformer les produits de leur travail qu'ils devaient rapporter en Europe. Ce n'est qu'en 1535 que, lors de son second voyage, Jacques Cartier s'aventura près du fjord.

Bien qu'il soit difficile de confirmer les incursions des Basques dans le secteur de Tadoussac avant 1545, André Thévet rapportait dans *Le grand insulaire* que «tout pilote, après avoir navigué quelques endroits dangereux, probablement la Côte-Nord, se retrouve à la rivière et au pays du Saguenay. Dans cette région se font les meilleures pêches puisqu'il s'y trouve toujours en grand nombre des baleines qui s'ébattent et qui sont recherchées par les Bayonnais et les Espagnols.»

Tout au long de la côte et des îles, les Européens installaient des fours en pierre au moyen desquels ils faisaient fondre la graisse des cétacés avant de la verser dans des barriques qu'ils empilaient dans la cale des baleinières. Leur proie de prédilection restait la baleine franche que les chasseurs pouvaient harponner facilement, vu sa lenteur. La graisse de ce mammifère marin servait de combustible pour l'éclairage ou pour le chauffage ou on l'utilisait comme savon; quant aux huiles, elles étaient très recherchées par les fabricants d'horloges et autres, à titre de lubrifiant.

Vue de L'île Saint-Louis.

«SAGUENAY»

«Saguenay» vient de *Sakini*, terme montagnais qui signifie «là où l'eau sort». Il s'agit sans doute de l'un des noms les plus anciens et les plus authentiques de la toponymie nord-américaine.

Les noms de «Terre-Neuve» et de «Labrador» sont certes apparus plus tôt dans l'histoire, mais on les doit à des Européens, tandis que celui de Saguenay pour désigner cette région appartient au vocabulaire des indigènes depuis des temps immémoriaux. Cependant, c'est Jacques Cartier qui donna par extension le nom de rivière Saguenay au cours d'eau

que les Amérindiens, pour leur part, appelaient *Pitchiataouitchen*.

Si l'on a désigné la région du Saguenay par le substantif «royaume», c'est tout simplement parce que les Européens, gouvernés par des régimes royalistes, appelaient ainsi les circonscriptions qu'ils s'aggrégeaient. Ainsi François Ier, qui n'avait jamais vu le Saguenay, donna-t-il à Roberval la consigne «d'assaillir villes, châteaux forts et habitations»! Comme quoi la tendance à projeter ses propres catégories mentales sur ce qui est étranger ne date pas d'aujourd'hui.

Une enfilade de caps.

LE SAGUENAY MYTHIQUE DES COLONISATEURS

LA RECHERCHE DU TRÉSOR

O<small>N</small> se souviendra des deux Iroquois que Jacques Cartier avait littéralement arrachés de Gaspé pour les exhiber devant la Cour de France. Or, dès qu'ils purent articuler quelques mots de français, Dom Agaya et Taignoagny décrivirent aux notables, ébahis, une terre remplie d'une «grande quantité d'or et de cuivre rouge». Il n'en fallait pas tant pour développer le fantasme d'un royaume regorgeant de pierres précieuses et bientôt jalonné de villes.

Lors de son deuxième voyage, c'est du haut du Mont-Royal que Cartier avait entrevu la route des richesses. En effet, d'après le récit du chanoine Lionel Groulx, les *Indiens* lui avaient fait comprendre que le «cuivre rouge» provenait d'une région plus au nord, c'est-à-dire le Saguenay. Les compagnons du chef Stadaconé avaient sommairement signalé à l'explorateur la position géographique de cet énigmatique territoire complètement entouré d'eau. À leurs yeux, il s'agissait d'une île «circuitte et envyronnée de rivières et dudict fleuve.*»* Cette description n'était d'ailleurs pas erronée si l'on tient compte des sources de la rivière Gatineau pratiquement branchées sur la rivière Ashuapmuschuan qui se déverse dans le lac Saint-Jean, puis dans le Saguenay.

Cette terre inconnue ne cessa d'obséder Cartier : «Il n'est point de région sur laquelle il ait plus anxieusement interrogé», écrira le chanoine Groulx. Le neveu du conquérant put même lire sur la carte géographique de son oncle et, tracé de sa propre main : «Par le peuple du Canada et Hochelaga, il est dit : que c'est ici où est la Terre du Saguenay; laquelle est riche et abondante en pierres précieuses»

Carte du Monde, 1546, Pierre Descelliers.

(Société historique du Saguenay)

Apparemment, le fantasme s'amplifia, puisqu'on trouva également sur la mappemonde de Descelliers (1546), toujours selon le chanoine Groulx, «un paysage édénique : au milieu d'ifs enchantés, de jolies femmes offrent à ce qui paraît bien être une idole humaine, un vieux dieu druidique, de la musique et des parfums.»

Rattaché au Saguenay, un autre rêve persista longtemps dans l'imaginaire des explorateurs : y trouver la route de la Chine ou de l'océan Pacifique. En témoigne cette description du fjord

Pointe aux Crêpes.

tirée de la Cartographie universelle de Jean Alfonce, pilote qui accompagna le sieur de Roberval en 1542, et dans laquelle on trouve également la première des cartes sur lesquelles allait figurer le Saguenay :

«L'entrée du Saguenay est entre hautes montagnes. La pointe du Saguenay est une roche blanche, et est l'entrée dudit Saguenay à quarante-huit degrés et un tiers de degré de la hauteur du pôle Arctique, et ladite entrée n'a point plus de largeur que un quart de lieue. Et est ladite entrée dangereuse devers le sud-ouest. Et au dedans de l'entrée, environ deux ou trois lieues, commence à élargir et semble que ce soit un bras de mer; pour raison de quoi j'estime que cette mer va à la mer Pacifique ou bien à la mer du Cathay. Et fait un grand courant, lequel fait un terrible ratz.»

Le roi de France, qui avait grand besoin de nouvelles ressources pour financer ses conflits avec d'autres royaumes européens richement approvisionnés par leurs propres colonies, ne manqua pas de s'enflammer pour cette région mythique. Il dépêcha «son cher et bien-aimé Jacques Cartier... jusques en la terre de Saguenay, s'il peut y aborder».

Le 1er septembre 1535, les trois navires de Cartier s'arrêtèrent donc à l'embouchure du fjord. L'illustre explorateur, s'inspirant des deux Amérindiens qui l'accompagnaient, baptisa la «rivière Saguenay», mais ne dépassa par la rade de Tadoussac, vu les courants, les marées et les hauts fonds périlleux. C'est en vain qu'il cherchera par la suite à contourner les écueils en passant par l'ouest. Jean François de la Roque, sieur de Roberval, n'aura pas plus de succès en 1543 : ayant mission de remonter le Saguenay, il entraîna au désastre une flottille de huit barques et de soixante-dix hommes.

Dans la relation de ses voyages, Cartier mentionne trois éléments fort éclairants quant à l'histoire du Saguenay. Il nous fait d'abord savoir que les Amérindiens y pratiquaient la pêche et la chasse aux loups-marins. Ensuite, il révèle les énormes difficultés de navigation à voile à l'entrée du Saguenay. Enfin, ce qui semble un détail mais n'en est peut-être pas un : les montagnes du Saguenay, relate-t-il, regorgent d'arbres, et d'arbres assez hauts pour faire des mâts. Sera-ce un hasard si, trois siècles plus tard lors du blocus napoléonien, la Grande-Bretagne soutient William Price qui entreprend d'extraire de la même région le bois de construction nécessaire à l'expansion de la flotte anglaise?

TOUS LES MYTHES SE RESSEMBLENT

Le mythe du royaume du Saguenay n'est pas si éloigné de celui de la Fontaine de Jouvence recherchée en Floride par Ponce de Léon, de celui des Sept-Cités de Cibola que cherchait Fray Marcos de Niza dans les déserts du Nouveau-Mexique ou de celui du fameux Eldorado de Gonsula Pizano. Ces deux dernières quêtes lui sont d'ailleurs presque contemporaines.

Un pays inconnu sur des terres inexplorées en fait toujours rêver plusieurs dans l'entre-deux de périodes riches en découvertes; et plus les données sont imprécises, plus infinies sont les promesses qu'il contient.

LA ROUTE DES FOURRURES

Creusé par les fractures de la croûte terrestre et taillé par la prodigieuse descente des glaciers, le Saguenay, de mémoire d'homme, est un formidable chemin d'eau. Bien avant l'arrivée des Blancs, il était le centre névralgique de la «route des fourrures».

LES COMMENCEMENTS D'UN IMPORTANT COMMERCE

À chaque été, des groupes d'autochtones arrivaient à Tadoussac pour troquer leurs pelleteries contre l'un ou l'autre produit du Sud : maïs, tabac, céréales, outils ou bijoux. Sur leurs frêles canots d'écorce surchargés, les Amérindiens évitaient les plus forts courants en remontant le Saguenay jusqu'à la rivière Chicoutimi puis, de portage en portage, ils rejoignaient le lac Kénogami et la rivière des Aulnets jusqu'aux portages d'Hébertville et de la Belle Rivière, lesquels débouchaient enfin sur le lac Saint-Jean. Pour le troc qui avait lieu plus au nord, les canots s'engageaient sur les rivières Ashuapmushuan et Nekupau avant de parvenir au lac Mistassini et ensuite à la baie d'Hudson.

Les Européens avaient cessé leurs explorations au cours du XVIᵉ siècle et des relations à la fois sociales et commerciales s'étaient progressivement instaurées entre eux et les nations autochtones des rives du Saint-Laurent. Sur le plan commercial, le troc au sens le plus rudimentaire du terme se poursuivit entre les Blancs et les Amérindiens jusqu'à la fin du XVIᵉ siècle. Quand, à Paris, on eut cependant découvert les vertus du feutre de castor pour la chapellerie, une nouvelle ère de relations commerciales s'amorça puisque le trafic des

Baie Sainte-Marguerite, un des sites les plus accueillants du fjord.

fourrures allait devenir une entreprise aussi complexe que considérable.

Les monopoles se tramaient puis se défaisaient tour à tour sous l'emprise des intrigues politiques et du chantage économique. Le Saguenay, qui abritait un gibier à fourrure particulièrement prolifique, devint vite un comptoir de choix où la concurrence la plus féroce ne tarda pas à s'installer. Au début, les autochtones venaient échanger le produit de leur chasse contre des outils de métal ou quelque objet alléchant. Puis, les intermédiaires se multiplièrent tant chez les Amérindiens que chez les Européens; les profits s'accumulant au détriment du chasseur qui n'obtenait souvent que deux biscuits de marin ou deux couteaux en échange d'une peau de castor. Les Montagnais de l'intérieur furent les plus exploités : à leur tour, les Montagnais des côtes troquaient leurs couteaux usés contre des peaux durement acquises. Bientôt les acheteurs se multiplièrent et la compétition atteignit un paroxysme : dès les premiers signes du printemps, certains se ruaient à travers les glaces vers les postes de traite, au risque de leur vie.

Si les Amérindiens, dans un premier temps, appliquèrent le principe du «premier arrivé, premier servi» , ils en vinrent vite à maîtriser le jeu de l'offre et de la demande. Les batailles navales n'étaient pas rares. L'alcool et les armes à feu dans les villages autochtones témoignaient de la surenchère pratiquée autour des fourrures qui, de l'autre côté de la mer, faisaient la fierté des nobles et des bourgeois.

UN STRATAGÈME AMÉRINDIEN

Ce que la Renaissance appelait le royaume du Saguenay couvrait presque tout le nord du Québec, c'est-à-dire de Baie d'Hudson au Labrador jusqu'au Grand-Nord; autant de territoires que les explorateurs n'avaient jamais vus et que les géographes laissaient en blanc sur les cartes.

À vrai dire, les Amérindiens avaient subtilement découragé la découverte européenne de ces terres du nord. Pendant plus d'un siècle, Iroquois et Montagnais, de concert, vantaient leurs richesses inimaginables tout en décrivant les monstres et les puissances maléfiques qu'elles renfermaient. Le Moyen Âge n'était pas loin dans l'imaginaire des Européens qui se montrèrent plutôt sensibles à cette troublante mythologie.

D'ailleurs les écrits de Jacques Cartier comportent de claires allusions au stratagème amérindien bien qu'on ne sache pas dans quelle mesure il prêta foi aux propos.

«... il (le chef iroquois Donnacona) nous a certifié avoyr esté à la terre du Saguenay, où il y a infini or, rubiz et aultres richesses (...) Plus, dict avoyr veu aultres pays, où les gens ne mangent poinct et n'ont poinct de fondement et ne digèrent poinct; ainsi font seullement eaux par la verge.[1]»

Cartier donnera même le nom de Pygmées à certains habitants du royaume du Saguenay.

«Pour le regard des Pygmées, je scay que par le rapport que plusieurs m'ont fait, que les Sauvages de ladite grande rivière disent qu'és montagnes des Iroquois il y a des petits hommes fort vaillants, lesquels les Sauvages plus Orientaux redoutent et ne leur osent faire la guerre.[2]»

Stratégiquement, les Montagnais de la rive nord du Saint-Laurent protégeaient leur statut d'intermédiaires dans la traite des fourrures en empêchant le contact direct entre les acheteurs français et les nations nordiques.

L'INTUITION DE SAMUEL DE CHAMPLAIN

Au début du XVIIe siècle, Champlain, en cela humilié par Marc Lescarbot, croyait que le gigantesque et tentaculaire monstre Gougou sévissait dans les Maritimes. Il fut néanmoins le premier Blanc à s'aventurer sur la redoutable rivière, poussé à la fois par l'audace, par la curiosité d'un géographe et par la certitude de trouver une mer salée plus au nord. Bref, de ses rencontres avec les Amérindiens, il avait déduit l'existence de la baie d'Hudson qui, pensa-t-il d'abord, débouchait peut-

1 François Marc Gagnon, *Ces hommes dits sauvages; l'histoire fascinante d'un préjugé qui remonte aux premiers découvreurs du Canada*, Libre Expression, 1984.

2 *Ibid.*

Tadoussac était un poste de traite très important.

être sur la route des Indes. Logiquement, le Saguenay devait mener à la mer salée, ce que personne, hélas, ne confirma de son vivant.

Marin, cartographe, ornithologue, botaniste et chroniqueur de talent, Champlain dégagea de remarquables observations de sa première incursion dans le Saguenay. Malheureusement, ce qu'il y vit n'a pas semblé lui plaire.

«Le onzième jour de juin, je fus à quelque douze ou quinze lieues dans le Saguenay, qui est une belle rivière et a une profondeur incroyable, car je crois, selon que j'ai entendu deviser d'où elle procède que c'est d'un lieu fort haut, d'où descend un torrent d'eau d'une grande impétuosité; mais l'eau qui en procède n'est point capable de faire un tel fleuve comme celui-là, qui néanmoins ne tient que depuis ce dit torrent d'eau, où est le premier saut, jusqu'au port de Tadoussac, qui est l'entrée de ladite rivière du Saguenay, où il y a quelque quarante-cinq ou cinquante lieues, et une bonne lieue et demie de large au plus, et un quart au plus étroit; qui fait qu'il y a grand courant d'eau.

Toute la terre que j'ai vue, ce ne sont que montagnes de rochers, la plupart couvertes de bois de sapins, cyprès et bouleaux, terre fort malplaisante, où je n'ai point trouvé une lieue de terre plaine tant d'un côté que de d'autre. Il y a quelques montagnes de sable et îles en ladite rivière qui sont haut élevées. Enfin ce sont de vrais déserts inhabitables d'animaux et d'oiseaux, car je vous assure qu'allant chasser par les lieux qui me semblaient les plus plaisants, je ne trouvai rien qui soit, sinon de petits oiseaux qui sont comme rossignols, hirondelles, lesquelles viennent en été, car autrement je crois qu'il n'y a point, à cause de

Les premiers explorateurs ne tarissent pas d'éloges quant à la splendeur du paysage et aux avantages portuaires de Tadoussac.

l'excessif froid qu'il y fait, cette rivière venant de devers le nord-ouest.

Ils me firent rapport que, ayant passé le premier saut, d'où vient ce torrent d'eau, ils passent huit autres sauts, et puis vont une journée sans en trouver aucun, puis passent dix autres sauts, et viennent dedans un lac, où ils sont deux jours à passer; en chaque jour, ils peuvent faire à leur aise quelque douze à quinze lieues; dudit bout du lac, il y a des peuples qui sont cabanés, puis on entre dans trois autres rivières, quelque trois ou quatre journées dans chacune, où au bout des rivières il y a deux ou trois manières de lacs, d'où prend la source de Saguenay, de laquelle source jusqu'audit port de Tadoussac il y a dix journées de leurs canots. Au bord desdites rivières il y a quantité de cabanes, où il vient d'autres nations du côté nord troquer avec lesdits Montagnés. Les Sauvages du nord disent qu'ils voient une mer qui est salée. Je tiens que si cela est, que c'est quelque gouffre de cette mer qui dégorge par la partie nord dans les terres et de vérité il ne peut être autre chose. Voilà ce que j'ai appris de la rivière du Saguenay.[3]»

TADOUSSAC, PORTE D'ENTRÉE

D'après Camille Perreault, le terme Tadoussac serait une déformation de *Totocak*, pluriel en algonquin de *totoc* : mamelon. On y décèle aussi le nom de la tribu des *Kakouchak*, baptisés «Montagnais» par les Français.

Dans leurs récits de voyage, les premiers explorateurs ne tarissent pas d'éloges quant à la splendeur du paysage et aux avantages portuaires de Tadoussac, porte d'entrée du Saguenay. Depuis déjà des siècles, par terre et par mer, les Amérindiens s'y

3 Samuel de Champlain, *Œuvres complètes*, Éditions du Jour, Montréal, 1973.

Maison Chauvin, premier poste de traite à Tadoussac.

amenaient tous les étés. C'est là que siégeait le grand conseil *Okimaus*, chefs des Porcs-Épics.

Les piliers de granit bordant le fjord avaient inspiré aux autochtones les plus étonnantes légendes guerrières qui, évidemment, opposaient les Montagnais et les Iroquois. À ces grands récits mythiques se rattachait une triple fonction : transmettre la mémoire des grandes secousses sismiques qui avaient ébranlé le territoire, conserver le souvenir de guerres meurtrières que se livraient les diverses nations et expliquer les mystérieuses origines du fjord. Monseigneur Victor Tremblay en donne une idée dans l'extrait suivant : «Le choc des armées de ces ennemis séculaires fut si formidable que la terre trembla violemment, que des montagnes furent englouties, et que le pays en devint tout à fait méconnaissable. C'est alors que les Montagnais succombèrent pour ne plus se relever.[4]»

UN REDOUTABLE POSTE DE TRAITE

Vers la fin du XVIᵉ siècle, le gouvernement français s'intéresse de plus en plus à ce que Voltaire allait plus tard appeler «quelques arpents de neige». Tantôt pour soit-disant favoriser le processus de colonisation, tantôt pour exploiter tout à fait librement des ressources fort rentables, on cherche

---

4   Victor Tremblay, p.d., *Histoire du Saguenay depuis l'origine jusqu'à 1870*, Librairie Régionale inc. Chicoutimi, 1968.

à obtenir de la Cour un droit de monopole sur le commerce des fourrures qui se développe en Nouvelle-France. En 1599, Pierre de Chauvin obtiendra un tel droit que lui ravira, quatre ans plus tard, Pierre du Gua de Monts qui a déjà fait plusieurs voyages au Canada; celui-ci gardera le monopole pendant une décennie.

Dans le but de réaliser les meilleures affaires possible, les deux hommes fixent successivement leur préférence sur Tadoussac. D'abord, il est assez facile de s'entendre avec les Montagnais qui contrôlent le commerce et l'accès au Saguenay. Par ailleurs, les commerçants français ne sont pas sans savoir que la fourrure provenant du Saguenay et des régions nordiques présente une qualité supérieure à celle qu'on obtient au sud du Saint-Laurent. De plus, les nombreuses rivières qui alimentent le fjord et le fleuve sont autant de routes directes d'approvisionnement, ce qui garantit un plus vaste marché de peaux.

En 1600, Chauvin reçoit des Montagnais de Tadoussac la permission de construire un comptoir. Pour remplir plus ou moins son engagement envers les exigences de la colonisation, il fait hiverner seize hommes dans une maison fortifiée où ils périssent de froid. Champlain laissa des lieux la description suivante : «C'était une maison de plaisance de quatre toises de long sur trois de large et huit pieds de haut, couverte d'ais, et une cheminée au milieu; une maison en forme de corps de garde, entourée de claies et d'un petit fossé fait de sable. Il y avait un petit ruisseau au-dessous.[5]»

Mentionnons en passant que dans les premières constructions érigées en Nouvelle-France, seuls cinq colons survivront et encore, grâce à l'aide des Montagnais. Les autres, soit périssent de froid ou de scorbut, soit se réfugient chez les Amérindiens où ils épousent des Montagnaises.

Par son associé, François du Pont Gravé, Chauvin sait bien que Tadoussac ne se prête pas à la colonisation, alors que d'autres sites à proximité conviendraient. Quelques années plus tard, Champlain manifeste aussi son incompréhension relativement au choix de ce site : c'est, écrira-t-il «le lieu le plus désagréable et le plus infructueux qui soit en ce pays, rempli seulement de pins, sapins, bouleaux, montagnes et rochers presque inaccessibles, et la terre très mal disposée pour y faire aucun bon labourage, et où les froidures sont si excessives que s'il y a une once de froid à quarante lieues amont la rivière, il y en a là une livre[6]».

Retenons de ce projet périlleux que les Français n'auraient jamais pu s'installer à l'embouchure du Saguenay sans l'assentiment et l'aide des nations autochtones. En cela, l'œuvre colonisatrice des Français se distingue grandement des violentes conquêtes espagnoles sur le continent américain. Non seulement les Français ont-ils cherché la collaboration des Amérindiens, mais ils n'auraient pas pu survivre sans s'inspirer de leur culture. C'est dans cet esprit qu'il convient d'aborder la fameuse alliance conclue tout près de Tadoussac en 1603.

UNE ALLIANCE LOURDE DE CONSÉQUENCES
Nous sommes le 27 mai 1603, Champlain vient de débarquer près de Tadoussac avec le capitaine Pontgravé : ils viennent déposer chez eux deux jeunes Montagnais qui avaient séjourné en France. Tout en décrivant l'événement, l'historien Georges-Émile Giguère glisse des propos prophétiques.

---

5 Samuel de Champlain, *Œuvres complètes*, Éditions du Jour, Montréal, 1973.

6 Ibid.

Chapelle de Tadoussac.

Cette image dément les propos de Champlain qui tenait Tadoussac pour un lieu inhospitalier.

«Quelques bandes de Montagnais et d'Algonquins, cabanés à la pointe aux Alouettes au bas d'un petit coteau, attendaient l'arrivée des Français. Pontgravé, dans un voyage précédent, avait amené en France deux sauvages afin qu'ils fissent à leurs compatriotes le récit de tout ce qu'ils avaient vu au-delà du «grand lac» . Le lendemain, il alla avec Champlain les reconduire à la cabane du grand Sagamo (chef) Anadabijou.

C'est ici que commence cette alliance que la plupart des historiens n'ont pas assez remarquée; alliance qui nous donne la clef d'une des grandes difficultés de notre histoire, et la raison véritable de l'intervention des armes françaises dans les démêlés des nations indigènes.[7]»

Dans ses propres écrits, Champlain notera lui-même la conclusion de cette entente avec les Montagnais : «L'un des sauvages que nous avions amenés commença à faire sa harangue, de la bonne réception que leur avait fait le roi, et le bon traitement qu'ils avaient reçu en France, et qu'ils s'assurassent que sa dite Majesté leur voulait du bien, et désirait peupler la terre, et faire la paix avec leurs ennemis, qui sont les Iroquois, ou leur envoyer des forces pour les vaincre. Il fut entendu avec un silence si grand qu'il ne se peut dire de plus.

La harangue achevée, le grand Sagamo l'ayant attentivement écouté, il commença à prendre du pétun (tabac), et en donner à Pontgravé et à

7 Georges-Émile Giguère, *Samuel de Champlain*, 1567-1635, Montréal, Éditions du Jour, 1973

Champlain, et à quelques autres sagamos qui étaient près de lui. Ayant bien pétuné, il fit sa harangue à tous…[8]»

Autrement dit, le chef transmet à tous, les souhaits du roi de France et persuade les siens des avantages qu'ils trouveront dans cette amitié avec les étrangers Blancs. Puis, de grandes festivités, ponctuées de danses traditionnelles et de harangues, célèbrent tout cela.

Un millier d'autochtones ont écouté Anada-bijou, acquiesçant en chœur par des «Ho ho ho» . Voilà scellée une entente indispensable à tout projet d'établissement dans le Nouveau-Monde. Ses termes sont simples : les Français reçoivent

l'autorisation de coloniser le pays en échange d'une alliance militaire avec les Algonquins, les Montagnais et les Etchemins contre les Iroquois.

Cet engagement allait durer pendant plus de 150 ans, c'est-à-dire jusqu'à la conquête par les Anglais, mais ses conséquences se font toujours sentir dans la société québécoise. Ralliant les Amérindiens du nord du Saint-Laurent à la culture française, elle acculait les Iroquois qui habitaient le sud à se ranger du côté des colonisateurs anglais, installés en Nouvelle-Angleterre. Les sociétés francophone et iroquoise ne sont toujours pas d'accord.

LA FOI DES UNS ET LA FOI DES AUTRES

Champlain, homme profondément religieux, s'intéressait aux croyances des peuples du Saguenay.

---

8   Samuel de Champlain, *Œuvres complètes*, Éditions du Jour, Montréal, 1973.

Tadoussac, l'anse à l'eau, 1871. (Société historique du Saguenay)

Aussi le grand Sagamo Anadabijou, avec qui il entretenait des liens respectueux, lui confia-t-il la version amérindienne de la Genèse.

«Après que Dieu eût fait toutes choses, il prit quantité de flèches et les mit en terre; d'où il sortit hommes et femmes, qui ont multiplié au monde jusqu'à présent et sont venus de cette façon[9]».

Sans doute Champlain lui fit-il en retour un récit biblique, puis on alla plus loin dans la description de l'identité divine à la fois une et multiple.

«Notre croyance est qu'il y a un Dieu, un fils, une mère et le Soleil, qui sont quatre; néanmoins que Dieu est par dessus tous, mais que le fils est bon, et le Soleil à cause du bien que nous en recevons; mais la mère ne vaut rien et les mange, et le père n'est pas trop bon.[10]»

Pour ce qui est de l'Incarnation, Anadabijou n'avait certes jamais rencontré d'homme-dieu, mais on lui avait raconté qu'un homme d'autrefois possédait quantités de tabac et que Dieu vint un jour à lui et lui demanda son pétunoir…

«L'homme prit son pétunoir et le donna à Dieu qui pétuna beaucoup. Après avoir bien pétuné, Dieu rompit le pétunoir en plusieurs pièces et l'homme lui demanda :

Pourquoi as-tu rompu mon pétunoir? Tu vois bien que j'en ai point d'autre.

Et Dieu en prit un qu'il avait et le lui donna en

9 Samuel de Champlain, *Œuvres complètes*, Éditions du Jour, Montréal, 1973.

10 *Ibid*

disant : En voilà un que je te donne. Porte-le à ton grand Sagamo; qu'il le garde et qu'il le garde bien, il ne manquera point de chose quelconque, ni tous ses compagnons.

Ledit homme prit le pétunoir qu'il donna à son grand Sagamo; lequel tandis qu'il l'eut, les sauvages ne manquèrent de rien du monde; que depuis ledit Sagamo avait perdu le pétunoir, qui est l'occasion de la grande famine qu'ils ont parfois parmi eux. Or je crois que voilà pourquoi ils disent que Dieu n'est pas trop bon.[11]»

UN BLANC SUR LE SAGUENAY

Malgré l'entente avec les Montagnais, le Saguenay resta fermé aux Blancs jusqu'en 1647. Ceux-ci s'arrogèrent le monopole de la traite des fourrures en bloquant systématiquement toute intrusion européenne. Jusqu'au milieu du XVIIe siècle, ni explorateur, ni commerçant, ni missionnaire n'a eu de contact avec les peuples autochtones de la région qui ne venaient commercer qu'avec les Montagnais de la côte.

Cependant, une activité portuaire fébrile se déployait à l'embouchure du fjord. D'après le témoignage du père Paul Lejeune «jusques vingt navires» y venaient mouiller dans les bonnes années.

C'est par le projet missionnaire que les Blancs pénétrèrent finalement dans la région du Saguenay. Des récollets, puis des jésuites débarquèrent en Nouvelle-France pour convertir ceux qu'ils appelaient «les sauvages» à ce qu'ils tenaient pour «la seule vraie foi».

En 1615, des récollets tentèrent d'établir une première mission à Tadoussac, mais, nomades, les Amérindiens ne faisaient qu'y passer; bref, tout comme les jésuites en 1632, ils échouèrent.

C'est le zèle du jésuite Jean Dequen qui viendra à bout de cette frontière apparemment hermétique.

En 1641, il se voit confier la responsabilité d'implanter une mission à Tadoussac; il s'y consacrera pendant onze ans.

Jean Dequen est le premier Blanc à remonter tout le cours du Saguenay. En 1647, alors qu'une épidémie décime les populations autochtones éparpillées à l'intérieur, on fait appel à son aide. Le 11 juillet 1647, installé dans un fragile canot d'écorce avec deux guides autochtones, il s'engage dans le fjord. Ils atteignent en cinq jours la limite navigable, puis ils empruntent un chemin bien connu des autochtones : la rivière Chicoutimi, le lac Kénogami jusqu'au *Piékouagami* qu'il appellera lac Saint-Jean en 1652 lors de son troisième voyage.

«Je m'embarquai le 11 juillet, dans un petit canot d'écorce; nous travaillâmes cinq jours durant, depuis le point du jour jusqu'à soleil couché, ramant toujours contre des courants ou contre des torrents, qui nous faisaient bander tous les nerfs du corps pour les surmonter.

Nous changeâmes trois fois de rivières. la première où nous nous embarquâmes se nomme le Sagné : c'est un fleuve profond, il n'y a navire qu'il ne portât; il a quatre-vingts brasses en plusieurs endroits, et pour l'ordinaire, il hausse ou baisse de dix à vingt pieds; il est assez large; ses rives sont escarpées de montagnes affreuses, lesquelles vont s'abaissant à quinze ou vingt lieues de son embouchure où il reçoit en son sein un autre fleuve plus grand que lui, qui semble venir de l'ouest. Nous voguâmes encore dix lieues de cette rencontre d'eau qui fait comme un beau lac.[12]»

---

11 Samuel de Champlain, *Œuvres complètes*, Éditions du Jour, Montréal, 1973.

12 *Relation des Jésuites (1611-1636)*, Tome I, Éditions du Jour, 1972.

Nuit sur la chapelle de Tadoussac.

Pages suivantes : Ville de La Baie.

LE SAGUENAY
CONTEMPORAIN

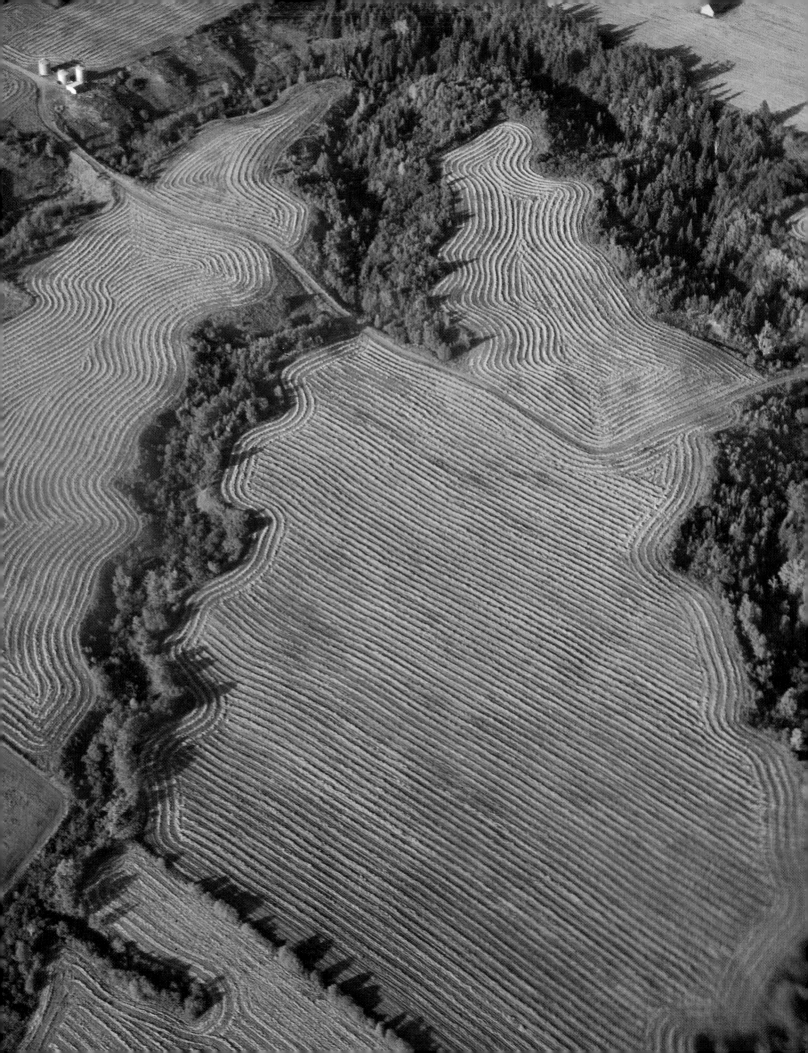

LE DÉVELOPPEMENT DU SAGUENAY

À PARTIR de 1838 s'ouvre une nouvelle tranche de l'histoire du Saguenay. D'incroyables péripéties, où s'entrecroisent des «bons» et des «méchants» , des exploiteurs et des exploités, se succèdent autour d'un singulier trésor : la forêt.

Comme dans la conquête du *Far West*, les plus forts feront la loi, indépendamment de toute autorité civile ou religieuse. Dignes des plus trépidantes aventures, des colons intrépides franchissent toutes les frontières pour conquérir le Nord. Dans la foulée des romans du XIXe siècle, les ouvriers sont opprimés par quelque employeur sans scrupule qui les paie en monnaie de singe avant de déserter, avec ses moulins, de la forêt qu'il a dénudée.

La forêt! Voilà l'axe de la colonisation du Saguenay.

DES COLONS DE CHARLEVOIX À L'ASSAUT DU SAGUENAY

Nous sommes à l'époque où la conscience collective des Canadiens français prend de l'ampleur, où leur révolte contre le pouvoir des Anglais s'embrase. L'insurrection des Patriotes se prépare.

Une commission se voit chargée par la Chambre de l'Assemblée du Bas-Canada d'étudier la question d'une éventuelle colonisation du Saguenay. Au terme de leur travail, les commissaires soulignent, entre autres avantages, les intérêts agricoles. En effet, la région de Charlevoix est surpeuplée de cultivateurs et beaucoup lorgnent du côté du Saguenay. Jusqu'alors, cependant, cette vaste région est demeurée fermée au développement, à l'exception des forêts que la Compagnie de la Baie d'Hudson occupe depuis 1836 en vertu d'un

L'agriculture à Ville de La Baie.

contrat de coupe lui cédant 60 000 billots de pin. Que la Compagnie de la Baie d'Hudson s'intéresse au bois après avoir exploité la fourrure n'est pas sans soulever méfiance et envie de la part des marchands. Finalement, elle devra abdiquer ses droits en faveur de William Price, personnage central de l'histoire du Saguenay, mais les choses n'allaient pas être simples.

Pour parvenir à pénétrer le fjord, Price se concilie de solides travailleurs désireux de s'installer au Saguenay, et il les envoie en éclaireurs ébranler le monopole. Auparavant, soit le 4 avril 1829, un groupe de citoyens de la Malbaie avait adressé une pétition à sir James Kempt, administrateur du Bas-Canada. Les deux cent cinquante signataires réclamaient des terres du Saguenay afin d'y établir des familles, mais les gouvernements étaient restés sourds. William Price pouvait donc compter sur des pionniers volontaires et il le savait. Il dénicha donc à la Malbaie l'homme de la situation : Alexis Tremblay dit le «Picoté» . Celui-ci met sur pied la Société des vingt-et-un qui, au printemps 1838, se lance à l'assaut du Saguenay, c'est-à-dire pénètre dans le fjord pour ébranler le monopole en place. Tout cela devait se faire subtilement, dans la légalité.

Constituée de «propriétaires et de censitaires de terres dans la paroisse de la Malbaie» , la nouvelle Société envisage d'entreprendre «la coupe de bois sur le domaine du Roi, connu sous le nom de Poste du Roi» . En échange d'une action de 100 louis (400 $), les signataires deviennent partie prenante de la *Société des pinières du Saguenay*, détentrice des droits de coupe de la Compagnie de la Baie d'Hudson, moyennant 651 livres, 11 schellings et un penny (2 606,22 $). Deux conditions s'ajoutent à cela : ne faire aucun commerce avec les Amérindiens et s'abstenir de couper ou de donner à paître le foin naturel. Notons que rien n'interdît l'agriculture défrichement!

Au matin du 25 avril 1838, au quai de la Malbaie, la goélette de Thomas Simard, qui naviguait depuis vingt-cinq ans sur le Saguenay, largue les amarres. Elle sera stoppée par les glaces aux Petites-Îles à quelques kilomètres de Tadoussac. Qu'à cela ne tienne! Un groupe d'hommes débarque et entreprend la construction d'un premier moulin à scie. Une deuxième équipe s'arrêtera à l'anse au Cheval et les derniers poursuivront jusqu'à l'anse Saint-Jean.

En quelques mois, la jeune colonie compte soixante-sept membres, dont cinq familles et seize enfants. Son véritable but devient manifeste : installer des familles au Saguenay avant le terme du contrat.

Village Petit-Saguenay dans le secteur de Saint-Antoine.

Page suivante :
Scierie au pied des monts Valin.

Voilà ouvert le chemin de la Malbaie aux terres du Saguenay. En août 1839, sept cent quarante-trois aspirants réclament au gouverneur du Bas-Canada des terres à défricher dans la région du Saguenay avant que ne soit échu le bail d'affermage que détient la Compagnie de la Baie d'Hudson. Sans attendre la réponse, neuf scieries sont construites couvrant les principaux confluents. Alors qu'en 1846, deux cents hommes travaillent dans l'industrie du bois, on comptera en 1860 vingt-trois chantiers d'exploitation forestière au Saguenay. Devant le fait accompli, le gouvernement cède et il inaugure les premiers cantons où, en dépit de ses efforts, la colonisation s'élabore dans l'anarchie.

Anse Saint-Jean : agriculture et tourisme.

DE LA SCIERIE AU TOURISME

À Tadoussac vers 1848, la forêt donne des signes d'épuisement et l'activité forestière s'essouffle. Aussi à l'automne le grincement de la grande scie cessera-t-il. Une seule famille s'accroche à ce type de revenu parmi la quinzaine d'autres qui habitent les maisons distribuées autour de la chapelle.

L'intrépide missionnaire Coquart, auteur d'un dictionnaire français-abénakis, avait obtenu que cette toute première chapelle fût érigée en Amérique du Nord. Elle y est toujours d'ailleurs et si, depuis 1930, elle n'accueille plus aux offices les pêcheurs expropriés de la pointe de l'Islet, il arrive que des visiteurs fassent encore résonner sa vieille cloche dans le brouillard de la baie. Mais n'anticipons pas.

Les activités forestières avaient cessé depuis près d'un siècle quand le village se voit réanimé par les «étrangers qui affluent» (père Babel). Tadoussac reçoit là les premiers signes d'une vocation touristique.

En 1860, la population compte deux cents habitants pour la plupart originaires de la Malbaie. John Lord avait déjà construit un hôtel sur la pointe de l'Anse à l'Eau et un autre à la Baie-des-Ha! Ha! où se pratiquait la thérapie par les bains d'eau douce et d'eau salée «d'une grande vertu pour guérir la dyspepsie» . En 1864, le nombre de touristes augmentant toujours, on inaugure la construction du Grand-Hôtel. Celui-ci fera l'objet d'un article dans l'Album du Touriste, sous la signature de Jean-Marie Lemoine, en 1872.

À la toute fin du siècle, un autre journaliste décrira comme suit le site de Tadoussac.

«Tadoussac, écrit le journaliste M.J.C. Taché, est placé comme un nid, au milieu des rochers de granit qui entourent l'embouchure du Saguenay. La chapelle et les maisons de poste occupent le rebord d'un joli plateau, au sommet d'une dune escarpée, qui suit les contours d'une charmante petite baie. Ainsi perchés, ces édifices dominent l'étroit rivage de sable fin qui s'arrondit à leurs pieds. À droite, la vue plonge dans les eaux profondes du sombre Saguenay; en avant, elle se perd dans l'immense Saint-Laurent. Tout autour de soi, des montagnes couvertes de bois de sapins et de bouleaux. C'est un endroit délicieux.»[14]

En 1941, William Hugh Coverdale remplace l'hôtel vétuste par une nouvelle construction. Homme d'affaires brillant, cultivé et collectionneur amoureux du patrimoine, il restaure également la maison Chauvin, première habitation permanente en Amérique du Nord.

En 1966, l'arrêt des croisières sur le Saint-Laurent et le Saguenay porte un coup fatal au tourisme et, d'un propriétaire à l'autre, le Grand Hôtel se détériore.

Finalement, en 1983, la famille Dufour de l'Île aux Coudres acquiert les installations et relance le tourisme en introduisant l'observation des baleines dans son programme d'activités. Le succès de la formule est encore manifeste.

Le pont couvert de l'Anse-Saint-Jean.

聯期
UNITED HOPE
HONG KONG

LA NAVIGATION

Les canots d'écorce sillonnaient le Saguenay depuis des millénaires. Propices au transport des hommes et des fourrures, ces embarcations légères étaient facilement portagées, quoique fragiles, instables et relativement difficiles à manœuvrer. Aussi les Blancs ont-ils importé leurs chaloupes, plus aisées à la manœuvre, mais peu logeable et inaptes à la navigation sur de grands cours d'eau.

LA GOÉLETTE

Dès la fin du XVIIIe siècle, la chaloupe se voit supplantée par la goélette. Légère, manœuvrable et sécuritaire, celle-ci offre un volume de cargaison beaucoup plus grand et elle répond en cela aux principaux besoins de la région, surtout l'exploitation forestière.

C'est une goélette, rappelons-le, qui transporte les premiers colons venant de Charlevoix en 1838. Par la suite, tout le ravitaillement des paroisses s'effectue de la même manière. Les entreprises forestières de William Price, de 1838 à 1890, ne sauraient se passer des services d'une goélette, ni les usines de pulpe de Julien-Édouard-Alfred Dubuc à partir de 1896, ni les compagnies de coupe qui alimentent les papetières des débuts du siècle. En somme, des eaux du fleuve à celles du fjord, la goélette glisse allégrement jusqu'au début des années 60.

Grâce surtout aux maîtres constructeurs de Charlevoix, ce type de bateau polyvalent ne cesse de

Le Saguenay est aussi une importante voie commerciale.

subir de judicieuses transformations en fonction des exigences de l'industrie et du cabotage, pour ne mentionner que celles-là.

La première goélette dite américaine ou pêcheuse ne gardera au bout du compte que quelques caractéristiques. Ce bateau, apparu au début du XIXe siècle, fit tout de même les beaux jours des pêcheurs en haute mer. Adaptée aux équipages de six à neuf hommes, la goélette américaine présentait déjà de nombreux avantages : son mât, sa voilure et ses lignes aérodynamiques lui assuraient d'excellents comportements par gros temps; elle offrait une bonne manœuvrabilité et une appréciable rapidité.

À partir de ce modèle, on crée la goélette canadienne de forme plus évasée et au tirant d'eau plus réduit, puis la goélette à fond plat qui répond mieux aux impératifs industriels impliquant la navigation. Le fond plat facilite en effet l'échouage à marée basse et, par conséquent, le chargement et

Un bateau de la compagnie Alcan.

Page de gauche :
Touristes en croisière sur *La Marjolaine*.

le déchargement des marchandises. Elle se distingue par ses écoutilles agrandies bordées, sa large coque et sa cale plate. Elle mesure de 50 à 80 pieds de longueur et de 15 à 25 pieds de largeur, jaugeant plus de 100 tonneaux avec un tirant d'eau de 4 à 6 pieds.

Autour de 1920, l'avènement du moteur entraîne encore d'importantes modifications. Les vieux loups de mer se montrent moins réceptifs que la jeune génération de marins-pêcheurs qui adoptent sans coup férir le treuil, le moteur, le cambrage plus élevé et le poste. S'ajouteront bientôt le groupe électrogène qui alimente les systèmes de communication, la sonde et le radar. Vers 1950, la goélette traverse son apogée.

De faible tonnage, de fabrication coûteuse, plutôt lente et construite dans un matériau putrescible, la goélette ne fait plus le poids quand le volume des marchandises à transporter atteint certains niveaux. Vient donc le temps ou le cabotage réclamera dorénavant des bateaux en acier.

LE CABOTAGE

Le cabotage à bord des goélettes n'a de romantique que l'idée qu'on s'en fait. Ils n'avaient pas la vie facile les marins qui partaient d'aussi loin que l'Île d'Anticosti avec une cargaison de bois de sciage ou de bois de pulpe pour La Baie, ou qui, d'Anse-Saint-Jean, allaient s'approvisionner à Québec et Montréal. En réalité le cabotage est l'un des types de navigation les plus difficiles et les plus dangereux.

Au moment de la colonisation, la tradition était à l'agriculture plutôt qu'à la navigation. C'est la

Ci-dessus :
Les uns recherchent la sensation, les autres le confort.

Page précédente, en haut :
Des croisières en voilier sont aussi organisées sur le Saguenay.

Page précédente, en bas :
Des nefs de tous genres sillonnent le Saguenay.

nécessité qui en orienta certains vers le métier de marin. Sur la goélette d'un parent ou d'un ami de la famille, le jeune garçon de dix-douze ans s'embarquait comme mousse. Avec un peu de patience et surtout d'expérience, il finissait par accéder au statut de matelot. Quelques entreprenants naviguaient pour leur propre compte dès la vingtaine, après dix ou quinze ans de travail acharné. C'est à ce prix qu'on devenait capitaine et digne du respect de tous. Ainsi se forgèrent des familles de marins dotés d'un sixième sens qui en disait bien plus long que les livres, et que les femmes, inquiètes, attendaient en silence.

À bord des goélettes régnait cette sorte d'autorité paternaliste à laquelle on ne pouvait que se résigner pour peu qu'on aspire au métier. L'humour et l'inconfort faisaient toujours partie du voyage, mais non pas l'hygiène. Au menu de chaque jour : crêpes le matin; chiard de goélette le midi (une fricassée de viande et de légumes); viande et patates le soir, sauf les quelques fois où du poisson bouilli ou le hareng fumé faisaient diversion. Quand la mer était trop grosse, on mangeait froid à cause du risque de faire tout déborder. À l'époque du cabotage à voile, on dormait sur des paillasses qui n'étaient renouvelées qu'au printemps suivant. Quant au salaire, il était proportionnel au temps de travail à bord, peu importe le tonnage du bateau.

LA *MARIE-CLARISSE*

Du haut des caps près de l'anse de Roche, on peut voir un fier voilier tout bleu glisser sur les eaux du Saguenay : c'est la *Marie-Clarisse*, dernière des goélettes à sillonner les eaux du fjord. Elle fut construite en 1922-23 au chantier maritime de Shelburne en Nouvelle-Écosse et porta le nom de Archie F. Mackenzie jusqu'en 1977. Elle naviga surtout dans les eaux de Terre-Neuve et traversa de nombreuses péripéties jusqu'à sombrer en 1976 dans le bassin Louise, de Québec. Son sauveteur, Yvan Canuel d'Arvida, voulut alors en faire un navire-école. Radoubée à l'Île-aux-Coudres et désormais appelée *Marie-Clarisse*, le gouvernement du Québec la déclara monument historique. Sa vocation pédagogique allait se terminer en 1983,

alors que la famille Dufour de l'Île-aux-Coudres s'en porte acquéreur. Depuis, elle transporte des groupes de touristes dans le fjord du Saguenay; surtout, elle empêche une grande et longue tradition maritime de tomber dans l'oubli.

LES ÉCUEILS DU FJORD

Les principaux écueils du fjord se trouvent aux extrémités. Nous avons déjà fait allusion au chenal de Chicoutimi et maintes fois évoqué les caprices de l'embouchure, à la hauteur de Tadoussac. Là où «les eaux s'accouplent», comme disent les anciens de l'Île aux Coudres, de violents courants évalués à plus de sept nœuds alertent d'autant plus les navigateurs que deux récifs logent dans les environs. Ceux-ci réduisent sensiblement la profondeur, mais non point de façon dramatique cependant.

Les courants de la rivière Saguenay sont réputés rapides, surtout aux embouchures. De l'anse Saint-Jean au cap des Roches, 33 milles en amont, les courants de surface ne sont cependant jamais très puissants. En revanche, ce même secteur comporte des courants de fond particulièrement forts, surtout au printemps durant la période de flux, mais qui disparaissent avec le reflux. De cap des Roches à la rivière Chicoutimi, circule un courant régulier, c'est-à-dire qui ne subit l'influence d'aucun autre. L'action des grandes quantités d'eau déversées par la rivière Chicoutimi, qui coule à un rythme très rapide dans un corridor étroit, s'efface à mesure qu'elles s'engouffrent dans le grand bassin du fjord.

Quant aux courants de la marée montante, ils sont très faibles et deviennent pratiquement imperceptibles en amont de la Sainte-Marguerite, si ce n'est le long des côtes. Par contre, le courant de la marée descendante varie de trois à cinq nœuds en raison de sa localisation sur la rivière : à l'embouchure, il file à quelque sept nœuds en direction de Larke Inlet et des récifs de la pointe à la Vache.

Trente-six phares jalonnent la voie maritime et vingt-quatre bouées assistent la navigation à l'embouchure et dans le chenal de Chicoutimi.

Jusqu'au barrage de Shipshaw, toutes les eaux du Saguenay subissent l'influence de marées d'autant plus puissantes que la profondeur du fjord entraîne une forte dénivellation par rapport au Saint-Laurent et que des parois rocheuses l'enserrent comme dans un étau.

Les marées se propagent du fleuve vers l'estuaire et atteignent la Baie-des-Ha! Ha! quarante minutes plus tard. En vive eau, Tadoussac enregistre 5,50 m contre 3 m en morte eau. La Baie est plus spectaculaire : un peu moins de 7 m en eau vive et 4,50 m en morte eau. La marée est juste un peu moins forte à Chicoutimi, puis, comme les profondeurs s'atténuent et la largeur se resserre, elle devient infime vers Shipshaw.

La Marie-Clarisse, **la dernière goélette à naviguer sur le Saguenay.**

LES VILLAGES DU FJORD
TADOUSSAC

TÉMOIN millénaire des secousses sismiques dont émergea le fjord du Saguenay, Tadoussac fascina et terrifia les premiers Blancs qui abordèrent ses falaises de granit. Si les fourrures du Nouveau-Monde valurent à ce petit point du globe d'être souligné sur les cartes des explorateurs, son climat et son relief excessifs auraient eu raison des Blancs sans le secours des Montagnais.

Dès la moitié de XIXᵉ siècle, la faible population de Tadoussac vit affluer des visiteurs et, du même coup, s'amorcer une vocation touristique non dépourvue, cependant, de difficultés. Aujourd'hui encore, visiter Tadoussac, ce n'est pas seulement retracer une part importante de notre histoire, parcourir des sentiers uniques ou surprendre les prouesses d'un béluga, c'est surtout assister au rendez-vous apparemment éternel de la majesté et du mystère.

PETIT-SAGUENAY

Vers 1850, les «moulins à scie» avaient déjà fait de Petit-Saguenay le centre des opérations forestières du fjord, ce qui encouragea les développements habituels d'un milieu qui s'industrialise. À peine deux décennies plus tard, l'épuisement du pin obligea d'abord le village à diversifier l'exploitation du bois, puis, de fil en aiguille, à envisager l'industrie touristique.

Au début des années quatre-vingts, comités, associations, groupes de pressions concertés transforment peu à peu le profil socio-économique du village : surgissent des projets de liaisons routières plus directes avec Baie-Sainte-Catherine et Tadoussac, puis la célèbre rivière à saumon plus ou moins vidée par le braconnage, se voit enfin réhabilitée. Si l'implantation récente d'une bleuetière expérimentale ouvre une voie de plus à la culture maraîchère, Petit-Saguenay tire surtout sa notoriété d'un magnifique paysage que les visiteurs peuvent découvrir à pied ou à vélo.

L'ANSE DE SAINT-ÉTIENNE

Lieu de villégiature parmi les plus beaux du Saguenay, l'anse de Saint-Étienne avait autrefois établi sa renommée sur une prospère scierie. Le 5 juin de l'année 1900, la paroisse de Saint-Étienne est pratiquement dévorée par les flammes.

Depuis, l'embouchure de la petite rivière s'est ensablé, mais l'anse ne cesse d'attirer les amants de la voile. Au gré des sentiers, les cyclistes ou les

Tadoussac

Ci-dessus : **Anse Saint-Jean.**

À gauche : **Petit-Saguenay.**

Page suivante, en haut : **Anse Saint-Étienne.**

Page suivante, en bas : **Rivière-Éternité.**

De tous les signes du passé courageux des fondateurs, le plus glorieux reste sans doute le pont couvert qui servait d'effigie aux billets canadiens de mille dollars.

marcheurs peuvent encore croiser quelques vestiges d'une époque florissante.

L'ANSE SAINT-JEAN

Le village d'Anse Saint-Jean reste un monument à l'énergique tenacité des pionniers. Avec l'aide des Montagnais qui profitaient depuis longtemps du gibier des forêts et du saumon de la rivière, la Société des Vingt-et-un y installa son premier lieu de résidence envers et contre les rigueurs de l'hiver malgré des moyens on ne peut plus précaires. Propice à l'agriculture, l'anse comptait déjà en 1860 trente familles entassées sur 800 acres.

RIVIÈRE-ÉTERNITÉ

Au cours des années trente, les terres disponibles devenant plus rares aux abords de la rivière Saint-Jean, des cultivateurs s'installèrent dans la superbe vallée voisine.

Quelque peu en retrait du Saguenay, le village de Rivière-Éternité, tout comme ses voisins, tira son développement tantôt de la forêt, tantôt de la terre et reçut sa part de cataclysmes sous la double forme du feu et des inondations.

SAINT-FULGENCE

À quelques kilomètres de Chicoutimi, l'anse dite «au foin» fut domestiquée par un Charlevoisien, Michel Simard, dont la farouche résistance aux autorités de la Compagnie de la baie d'Hudson n'est pas sans figurer parmi les épopées de ce coin de terre.

D'autres familles se regroupèrent autour du pittoresque pionnier et les fermes débordèrent bientôt la petite rivière au Foin : Saint-Fulgence était né.

SAINTE-ROSE-DU-NORD

Muse des peintres et des poètes, Sainte-Rose-du-Nord couvre les rives de trois petites anses successives. Après que les bûcherons eurent vidé la région de ses pins blancs, quelques familles de colons cultivèrent cette vallée que seul le Saguenay

Saint-Fulgence.

Page suivante, en haut : **Sainte-Rose-du-Nord.**

Page suivante, en bas : **Saint-Basile-de-Tableau.**

rattachait au reste du monde avant la construction de la route en 1937. Après avoir puisé sa subsistance dans l'exploitation diversifée des forêts et de l'agriculture, Sainte-Rose-du-Nord met la beauté de son paysage au service de sa survie économique. Ses visiteurs bénéficient d'un musée, de croisières sur le Saguenay, de sites de pêche et de sentiers pédestres qui débouchent sur d'étonnants points de vue.

SAINT-BASILE-DE-TABLEAU

C'est encore une route de gravier qui permet d'accéder à Saint-Basile-de-Tableau dont la

population n'a jamais dépassé quelques familles. Le village tire son nom de la surface polie du rocher qui le surplombe de la rive opposée. C'est l'hiver qui, au début du siècle, donna au hameau sa vocation historique particulière. Situé à mi-chemin le long du pont de glace reliant la Baie-des-Ha! Ha! à l'Anse-Saint-Jean, Saint-Basile accueillait les voyageurs fatigués ou menacés par la tempête.

BAIE SAINTE-MARGUERITE

Un passé de sciage, de pêches fabuleuses, de riches cultures, de rumeurs libertaires et de mainmise étrangère circule dans la petite histoire de baie Sainte-Marguerite sans compter, en 1860, la visite imprévue du prince de Galles qui allait devenir Édouard VII.

Les estacades de Price, les chantiers de la Bay Mills et les quelques terres agricoles furent

Baie-Sainte-Marguerite.

Page suivante, en haut : **Passe-Pierre.**

Page suivante, en bas : **Anse-de-Roche.**

néanmoins délaissés tour à tour au profit d'un attirant plateau voisin du nom de Sacré-Cœur ou encore de la Côte-Nord qui offrait de meilleures liaisons routières. Aujourd'hui, les campeurs ne se plaignent pas d'être isolés dans ce paradis et les bélugas manifestent une prédilection pour la baie Sainte-Marguerite.

BAIE-SAINTE-CATHERINE

Situé sur la pointe ouest de l'estuaire du Saguenay, le village de Baie-Sainte-Catherine fut fondé vers 1840 par des cultivateurs de Charlevoix. Il n'aura son église qu'au début du siècle à la faveur du

Chicoutimi.

Page précédente, en haut : **Baie-des-Ha! Ha!**

Page précédente, en bas : **Sacré-Cœur.**

moulin installé par la compagnie Price à la suite de l'épuisement des forêts de Baie-Saint-Étienne. À une décennie près, le même sort attendait Baie-Sainte-Catherine qui ne gardera pour seules ressources que la terre, la chasse et la pêche. On se fit donc chasseur de marsouin, navigateur ou gardien de phare avant que l'exploitation forestière ne redevienne florissante grâce à l'enviable position géographique de la baie.

SACRÉ-CŒUR

Au cours de la seconde moitié du XIXe siècle, des colons de Tadoussac, puis d'autres d'Anse-de-Roche vinrent s'installer sur les terres arables des hauts plateaux de Sacré-Cœur auxquels on accédait grâce aux sentiers des Montagnais.

La petite localité se ravitaillait au quai d'Anse de Roche où l'on chargeait les bateaux européens des pins immenses que se disputaient les armateurs pour fabriquer les mâts les plus solides. Le destin étroitement lié de ces deux villages aura favorisé l'émergence de générations de pêcheurs et de navigateurs qui gardent encore une remarquable connaissance du fjord.

Les plateaux de Sacré-Cœur offrent de superbes points de vue; la pêche y est particulièrement appréciée et les randonnées pédestres ou équestres font la joie des visiteurs au tempérament contemplatif.

LA BAIE-DES-HA! HA!

C'est à l'automne de 1838 qu'un groupe de Charlevoisiens fonda la première paroisse de Saint-Alexis. L'agriculture et l'exploitation forestière connurent alors un développement rapide, mais la population croissante perdit pratiquement tout le profit de son labeur, lors d'un incendie qui ravagea littéralement ce qu'on appelait encore la Grande-Baie.

Beaucoup de confusion entoure l'origine du nom officiel de la Baie-des-Ha! Ha!. L'hypothèse la plus sûre veut qu'il s'agisse de la déformation d'une expression montagnaise à peu près imprononçable qui signifie «lieu où l'on échange l'écorce».

La ville de La Baie qu'indiquent maintenant nos cartes routières résulte de la fusion de quatre municipalités qui avaient tout intérêt à réunir leurs forces socio-économiques.

CHICOUTIMI

Les Amérindiens fréquentaient depuis des millénaires ce terminal naturel au confluent des rivières Saguenay et Chicoutimi quand le légendaire Peter McLeod y entreprit la construction d'un moulin. Le développement industriel ne tarda pas à s'étendre de la rivière du Moulin jusqu'à la rivière Chicoutimi où prendra souche la grande ville qui deviendra le cœur de la région du Saguenay-Lac-Saint-Jean.

On ne peut évoquer l'histoire de Chicoutimi sans souligner le Grand Feu de 1870 qui réduisit en cendres forêts et maisons. L'inoubliable catastrophe n'empêcha pas la population de reconquérir une remarquable prospérité agricole qui, peu à peu, céda aux activités industrielles couronnées par l'implantation de l'Alcan à Laterrière.

L'évolution du Québec doit beaucoup à l'esprit pionnier de cette région qui marqua profondément

ses courants sociaux, idéologiques et politiques, notamment dans le domaine syndical.

Le lac Saint-Jean, une des sources d'alimentation de la rivière Saguenay.

LE SAGUENAY TOURISTIQUE

L'HÉBERGEMENT

Depuis le milieu des années 1980, la zone touristique du fjord offre un hébergement de qualité et très diversifié. À Tadoussac, centre principal du tourisme, l'infrastructure d'accueil s'est développée autour de l'Hôtel Tadoussac. Néanmoins, toutes les localités riveraines de la rivière Saguenay offrent de multiples formes d'hébergement selon les capacités financières et les types de clientèle. De la classe économique à l'hébergement de première classe, en famille, en solitaire ou en groupe, qu'on soit contemplatif ou aventureux, on trouvera le gîte convenable quelque part le long du Saguenay.

Le gîte et le couvert

Hôtels et auberges de tout style proposent un hébergement de qualité supérieure, ainsi que de nombreux forfaits comprenant la table et la tournée des principales attractions. Le nombre d'auberges répond à un large éventail d'aspirations et de goûts personnels. Certains aubergistes ont développé des spécialités culinaires originales, ancestrales ou autochtones. La location d'un appartement à proximité des lieux d'attraction peut également satisfaire les familles qui veulent disposer d'une cuisinette et préserver leur intimité. Les chalets répondent aux mêmes besoins, et la formule Village-Vacances-Famille (VVF) y ajoute un programme d'activités destinées à toute la famille.

Les *Gîtes du Passant* offrent des chambres et le petit-déjeuner dans des résidences locales, ce qui assure un contact plus direct avec des Saguenayens. Des fermes offrent également ce genre de gîte qui

L'Hôtel Tadoussac.

convient tout particulièrement aux jeunes familles ou aux citadins qui ont rarement l'occasion de quitter le bitume.

Le camping

Chaque village offre son terrain de camping ou des espaces pour le camping sauvage. Toutefois, les équipements de camping varient considérablement. Les terrains de camping gouvernementaux sont toujours superbement aménagés et très propres, mais l'ambiance est davantage à la convivialité sur les terrains privés quelquefois dotés de toute une infrastructure sportive : piscine, mini-golf, parc d'amusement, tennis, etc. Le seul terrain de camping directement situé sur le fjord est celui d'Anse-Saint-Jean, mais les autres sont tout près.

C'est le parc du Saguenay qui gère pour ainsi dire le camping sauvage qui se pratique sur les rives du Saguenay, donc sur son territoire. De plus en plus de sites sont aménagés sur les berges pour les amateurs

En haut : Sainte-Rose-du-Nord, en automne.

En bas : Camping sauvage à la Passe-Pierre.

Camping Cap à l'Ouest, à l'entrée de la Baie des Ha! Ha!.

Ci-dessus, à gauche : Jean Laforge.
artiste-peintre de Sainte-Rose-du- Nord.

Ci-dessus, à droite : René Gagnon.

Ci-contre : Une œuvre de René Gagnon.

de sports nautiques. Le long des sentiers pédestres, les campeurs nomades trouveront des refuges bien équipés munis de plates-formes de camping.

LES ARTS

La peinture

C'est vers 1880, à la faveur du mouvement touristique, que le Saguenay devint un sujet d'inspiration picturale, bien que le courant migratoire de La Malbaie à Tadoussac eût déjà orienté quelques artistes amoureux de Charlevoix vers le fjord. Quoi qu'il en soit, ce sera la toile de Lucius O'Brien, *Lever de soleil sur le Saguenay*, qui, en 1880, marquera une véritable étape dans l'évolution de la peinture paysagiste du Québec et de tout le Canada.

Influencée par l'école luministe de l'Hudson, cette œuvre du peintre O'Brien lui valut d'accéder à l'Académie royale canadienne en 1880. Ce tableau, maintenant exposé au Musée des beaux arts du Canada, est jugé par les connaisseurs comme une œuvre-clé qui fait dorénavant partie de l'imaginaire de tout un peuple.

On doit retenir le nom de Charles Huot, peintre qui arpenta toute la région du Saguenay-Lac-Saint-Jean muni de son chevalet, de ses couleurs et de ses pinceaux; également de Clarence Gagnon, de Théophile Hamel et de Goodridge Roberts qui ont tant puisé aux merveilles du Saguenay.

Parmi d'autres artistes reconnus qui ont enrichi la tradition picturale ayant trait au Saguenay, signalons Marc-Aurèle Fortin, René Richard, Hélène Beck, Léo-Paul Tremblay, René Gagnon, Jean-Paul Lapointe, Tex Lecor, Angémil Ouellet, Arthur Villeneuve, Jérôme Légaré, Gilbert Breton, Marcel Fecteau, Jacques Hébert, Vladimir Horik, Louise Kirouac, Jean Laforge, Manon Lebo, Benoît Savard, Louis Tremblay.

D'après Paquerette Hudon et sa fille Chantal, propriétaires d'une galerie d'art, deux éléments attirent tout particulièrement les peintres au Saguenay : des nuages «magiques» et la transparence des lumières. Voici le témoignage de quelques-uns.

Léo-Paul Tremblay

«Le fjord me donne une ouverture intérieure, une respiration très profonde devant cette pierre qui tranche dans le paysage. Le mouvement des choses me fascine.»

Jean Laforge

«Les couchers de soleil sur la neige sont incroyables. Les tempêtes d'hiver respirent cette grande solitude qui nous donne l'impression de posséder l'immensité.»

Tex Lecor

«C'est la force et le côté sculptural du Saguenay qui me stimulent surtout. J'ai vu plusieurs fjords en allant peindre dans l'Arctique et c'est vraiment le plus beau au monde. Chaque fois que je peins le fjord, c'est un nouveau défi tellement il est changeant.»

LA FABULEUSE

Spectacle à grand déploiement qui regroupe sur scène deux cents comédiens bénévoles, *La fabuleuse histoire d'un royaume* raconte le fjord et son histoire.

L'œuvre de Ghyslain Bouchard réunit toutes les disciplines de la scène : chant, danse, théâtre... dans une mise en scène étourdissante où se croisent chevaux et voitures, soldats et explorateurs, amants et seigneurs. Sur un immense plateau passe le Saguenay où l'on navigue allègrement. Sous les rayons laser et les feux d'artifices, dans les flammes du Grand Feu ou sous les pétarades des canons, la Fabuleuse fait salle comble tous les étés, à La Baie, depuis 1988.

La fabuleuse histoire d'un royaume, grande fresque théâtrale de Ghyslain Bouchard.

LA PÊCHE

La pêche blanche

Quand la fin de décembre répand la blancheur sur le Saguenay, de véritables villages poussent en quelques jours sur la rivière. Sur la glace désormais solide, des centaines de petits abris aux couleurs vives contrastent avec la neige immaculée et de minces colonnes de fumée figeant dans le froid trahissent la présence des pêcheurs.

De Saint-Fulgence à Anse-Saint-Jean, quelque 1 500 cabanes envahissent la surface glacée. À La Baie, ces villages de pêcheurs s'organisent en véritables petites municipalités : rues balisées et intersections achalandées. On y vient par milliers taquiner le poisson, tout en profitant d'une foule d'autres activités de plein air : ski de fond, raquette, patin, motoneige et même promenade en snowmobile, cet autobus des neiges, conçu par

Pêche blanche à ville de La Baie.

Page suivante, en haut à gauche :
Un membre du club des Pêcheurs assis.

Page suivante, en haut à droite :
Pêche fructueuse à Sainte-Rose-du-Nord : sébastes et morues.

Page suivante, en bas :
Village de pêche blanche dans le secteur de l' Anse à Benjamin, à Ville de La Baie.

Joseph-Armand Bombardier, et ancêtre de la motoneige.

La pêche sur glace n'a cependant rien de neuf, puisque les Amérindiens la pratiquent depuis des temps immémoriaux.

Saint-Fulgence, Sainte-Rose-du-Nord, La Baie, Rivière-Éternité et Anse-Saint-Jean sont autant de sites sur une même rivière où les méthodes et les prises diffèrent. À Saint-Fulgence, se pêchent

surtout l'éperlan arc-en-ciel et le sébaste orangé. À La Baie, on prend occasionnellement d'énormes requins blancs ou du Groenland et, le plus souvent, le sébaste, la morue franche, la plie, le flétan et l'éperlan pour ne mentionner que ces espèces.

Le sébaste impressionne par sa couleur vive et le petit air étonné que lui donnent ses yeux exorbités sous l'effet de sa brusque remontée d'un séjour en profondeur. Par ailleurs, les pointes acérées de sa nageoire dorsale en compliquent la manipulation d'autant plus qu'elles inoculent un venin légèrement inflammatoire. Néanmoins, on doit lui reconnaître une chair exquise.

Les cabanes de pêche peuvent abriter de deux à huit personnes. À travers le plancher, on perce une ouverture par où passe le fil d'une *brimbale*. La *brimbale* est une toute petite canne à pêche ou un simple bâton qu'on peut laisser en équilibre sur un piquet de bois jusqu'à ce qu'un poisson l'agite.

Un grand nombre de cabanes sont offertes en location et le tourisme d'hiver au Saguenay tend à privilégier ce sport amusant et économique qui intéresse les gens de tout âge.

À Sainte-Rose-du-Nord, on prend du gros poisson : morue franche et flétan du Groenland aussi appelé turbo, poisson noir et plat dont les deux yeux occupent un même côté de la tête. Ces prises s'effectuent à 100, 150 ou 200 m de profondeur. Cette pêche a lieu à l'extérieur des cabanes au moyen de la ligne dormante : des centaines de mètres de fil sont déroulés jusqu'au fond, puis une fois l'orifice refermé, on se prélasse dans la cabane qui a parfois l'allure d'un véritable chalet. Quiconque patiente au dehors a largement de quoi contempler.

La pêche estivale

Bien sûr, la pêche sur le Saguenay se pratique aussi en été. Sans doute est-il utile de mentionner que le fjord, en tant que bras de mer tombe sous la juridiction fédérale qui n'exige pas de permis. Si la pêche commerciale y est interdite à cause de la pollution des fonds, toutes les pêches sportives sont autorisées douze mois par année. Du printemps à l'automne, le Saguenay est presque aussi peu fréquenté par les pêcheurs qu'il ne l'était du temps (1880) où David Price le louait au gouvernement au coût de trois cents dollars par année. À l'exception de quelques amateurs attardés sur les quais pendant la remontée des éperlans ou des amateurs de la truite de mer à l'embouchure des rivières, on voit peu de pêcheurs sur le fjord. Certains courtisent encore l'anguille qui, associée à la misère, est plus souvent l'objet de dédain.

Bien longtemps avant l'arrivée des Blancs, les Amérindiens pêchaient pourtant dans le bassin. Leurs méthodes de capture étaient alors extrêmement variées : la pointe au nœud coulant, à la ligne, au filet, aux pièges stationnaires, aux poissons et même aux narcotiques. La pêche au filet était de loin la plus populaire; le filet maillant, le filet à poche simple, la serre simple, l'épuisette et le canelet favorisaient autant de techniques. Les saisons de pêche coïncidaient avec les périodes de frai et les mouvements migratoires, c'est-à-dire au printemps et à l'automne.

La région de Tadoussac était particulièrement fréquentée par les pêcheurs autochtones; ils y installaient de nombreux camps de pêche afin de cueillir le poisson frais et de traiter les surplus pour la conservation en les séchant ou en les fumant, d'où la fameuse anguille fumée des Montagnais.

En haut : **Pêche à la morue.**

En bas, à gauche :
Pêcheur solitaire.

En bas, à droite :
Pêche au saumon sur la rivière Sainte-Marguerite.

Les excursions de pêche

L'excursion de pêche sur le Saguenay constitue une aventure parfaitement inédite. Par exemple, Fjord-pêche de Sacré-Cœur organise des sorties quotidiennes à partir de l'Anse de Roche pour aller pêcher la truite de mer et la morue. À bord d'une embarcation motorisée, un guide conduit de quatre à six pêcheurs dans les sites les plus propices.

La truite de mer se pêche au début juin et à l'automne; il s'agit d'une truite d'eau douce qui, venue s'alimenter en eau salée, acquiert un coloris riche et brillant. La truite de mer atteint des proportions intéressantes, souvent proches du deux kilos et sa chair rosée ne manque pas de saveur.

L'originalité de Fjord-pêche réside toutefois dans ses excursions de pêche à la morue. Ce groupe préconise la pêche à la ligne bien que la morue soit généralement pêchée au filet à l'échelle commerciale ou à la «jig» au plan sportif, c'est-à-dire au moyen d'un crochet nu qui harponne un poisson parmi la foule d'un banc très dense. Pour pêcher la morue à la ligne, on appâte un fil résistant

En haut, à gauche :
Sentier de la Statue, parc Saguenay, secteur de la rivière Éternité.

En haut, à droite :
Centre d'interprétation des mammifères marins (CIMM).

Page suivante :
Centre d'interprétation du parc Saguenay dans le secteur de la rivière Éternité.

qu'on laisse descendre au fond où séjourne ce poisson des eaux les plus froides. Littéralement assommée par la décompression, la morue ne mord que faiblement. Si son calme déconcerte, ses proportions imposantes ne manquent pas d'exciter néanmoins le pêcheur qui sort un mastodonte d'une quinzaine de kilos et qui peut dépasser le mètre. Contrairement à la morue pêchée en été, la morue arctique du Saguenay offre une chair excellente.

La pêche au saumon

La pêche au saumon est interdite dans le Saguenay, mais une fois que l'étonnant poisson franchit la rivière de ses origines, une horde de pêcheurs s'apprête à le déjouer. Seuls y parviennent

quelquefois les pêcheurs chevronnés, éminemment patients sinon fanatiques.

Bien qu'elle n'égale pas les grandes rivières de la Côte-Nord, la Sainte-Marguerite produit de 3 500 à 4 000 jours/pêche. On compte 62 fosses le long des 147 kilomètres de l'incomparable vallée.

D'autres affluents du Saguenay ayant été ensemencés redeviennent propices aux activités de pêche. Entre autres, la pêche au saumon sur la rivière Petit Saguenay obtient un succès considérable et les sportifs trouvent un gîte confortable au camp des Messieurs. Plus récemment, la rivière à Mars, qui se jette dans la Baie-des-Ha! Ha! accueille de nouveau les pêcheurs de saumons qui, dès la première saison, n'ont pas été déçus.

LES PARCOURS

Le parc du Saguenay

Le gouvernement du Québec créait en 1983 le parc du Saguenay qui a pour triple fonction de protéger le milieu naturel, de le mettre en valeur et de le rendre accessible.

Presque tout le territoire riverain du Saguenay, de la Baie-des-Ha! Ha! jusqu'à Tadoussac, se trouve aujourd'hui rassemblé sous l'aile protectrice du parc national, soit les villages de l'Anse-Saint-Jean, Petit-Saguenay, Rivière-Éternité, Sainte-Rose-du-Nord, Sacré-Cœur et Tadoussac, points de service qui jalonnent tout le parc.

C'est à partir de Rivière-Éternité, à 65 km de Chicoutimi, qu'on accède au Centre d'accueil et

d'interprétation du parc du Saguenay où les visiteurs trouvent de l'information sur la longue histoire du Saguenay, la formation et la configuration du fjord, sa faune et sa flore. On peut déjà explorer le territoire en empruntant l'un des sentiers de randonnée pédestre souvent aménagés à flanc de montagne. Une courte croisière d'une heure jusqu'au pied des grands caps est également offerte.

L'escalade, la pêche, le ski hors piste, l'équitation et le camping trouvent ici un terrain de prédilection dont peuvent également profiter les amateurs de loisirs scientifiques.

C'est la Société de développement touristique de Rivière-Éternité qui gère les séjours dans le sentier des Caps, la location des refuges, la pêche blanche au pied du cap Trinité, une érablière, les séjours en ski hors piste à l'intérieur des sentiers du parc et, finalement, le camping ou l'hébergement

Un sentier de randonnée au cap Jaseux.

Page suivante, en haut à gauche :
Sentier du Fjord dans le secteur Tadoussac.

Page suivante, en haut à droite :
Randonnée pédestre, secteur de l' anse Saint-Étienne.

Page suivante, en bas :
Sentier du Fjord, cap de la Boule, dans le secteur Sacré-Cœur.

en chalet aux abords du territoire du parc. La Société offre aussi des services de transport de matériel et de véhicule.

Un jumeau : le parc des Cévennes
Depuis 1984, le parc du Saguenay est jumelé au parc des Cévennes en France. Intégrées au réseau des sept parcs français depuis 1970, les Cévennes sont situées dans le Massif central au sud de la France. Composé de montagnes moyennes, ce parc offre peu de similitude avec son jumeau nord-américain,

si ce n'est la préoccupation de sauvegarder l'environnement tout en favorisant l'économie locale au moyen d'activités touristiques.

Le parc des Cévennes, incidemment le plus grand des parcs nationaux français, a été désigné par l'Unesco comme réserve du patrimoine mondial.

Les randonnées pédestres

Partant de Tadoussac et longeant le Saguenay, les sentiers de randonnées pédestres, dotés de remarquables installations, constituent un véritable paradis pour les marcheurs.

Tout d'abord, le sentier de la Plage longe 6 km de berge à partir de la Maison des dunes, résidence ancestrale où se tient une exposition permanente sur le Saguenay, et il s'arrête à la baie de Tadoussac. Du même point de départ, on peut aussi emprunter le sentier de la Caye à Edgard sur une longueur de 1,5 km. Le sentier de la Pointe-de-l'Islet, près de la marina de Tadoussac, conduit ensuite sur le roc qui avance dans l'embouchure du fjord ou bien le sentier de la Coupe qui mène au sommet de la colline de l'Anse à l'eau et offre une vue panoramique de la baie.

Tadoussac inaugure également un réseau de sentiers qui permettent plus d'une semaine de marche le long des escarpements du fjord. S'inspirant d'une tradition séculaire en Europe, un long chemin linéaire sillonne la forêt de village en village.

Son premier segment est une splendeur. D'une longueur de 12 km et de difficulté intermédiaire, le sentier du fjord part de Tadoussac, près du bureau d'accueil du parc, à côté de la pisciculture; on peut l'emprunter par l'une ou l'autre extrémité. Ceux et celles qui ne veulent marcher que les 12 km du sentier se rendent en autobus jusqu'au cap de la Boule, près de Sacré-Cœur, et reviennent vers Tadoussac. De cette façon, le point de départ a lieu à une hauteur plus élevée et il ne reste plus qu'à

descendre progressivement jusqu'au niveau de la mer en contournant les baies et en franchissant les caps, sauf une montée abrupte. Ceux et celles qui partent de Tadoussac affronteront dès le départ une ascension de près de 300 m les menant sur les plateaux rocailleux qui surplombent le fjord.

Tout au long de ce parcours, on peut contempler l'embouchure du Saguenay, embrassant d'un seul regard tout le village de Tadoussac et, sur le fleuve majestueux, les nombreuses îles, les phares, les hauts-fonds et la côte-sud.

Ce même sentier a été relié à la Passe-Pierre par un segment d'un peu plus de 2 km sur la route et un sentier qui descend jusqu'à l'eau. De l'anse à la Passe-Pierre, une navette maritime permet de traverser à l'anse de Saint-Étienne ou encore à l'anse aux Petites-Îles jusqu'au Village-Vacances-Famille (VVF) de l'anse de Saint-Étienne qui, lui aussi, offre un sublime panorama. Ce trajet croise une pinède, l'un des derniers bouquets de pins blancs épargnés par la hache des Vingt-et-un. On peut aussi parcourir en boucle ce prolongement du sentier des caps sur une longueur de 15,8 km, en partant du VVF pour prendre une route rurale pittoresque. Le VVF dispose aussi d'un réseau de courts sentiers très pittoresques qui suivent les traces des anciens habitants d'un village abandonné.

À partir de l'anse de Saint-Étienne, on peut atteindre Petit-Saguenay non pas par un sentier, mais par un ancien chemin de colonisation qui pénètre à l'intérieur des terres sur 16 km. Ce parcours est loin d'être désagréable.

Sur le sentier des Caps, de l'anse du Petit-Saguenay à Anse-Saint-Jean, un autre segment de 10 km conduit dans une fôret qui ouvre quelques brèches sur le fjord.

On peut prendre également le sentier des Caps, cette fois d'Anse-Saint-Jean vers Rivière-Éternité, en traversant pendant deux ou trois jours 28 km de forêt. Dans un milieu obstinément sauvage, c'est la randonnée classique, au fil de laquelle le marcheur ou la marcheuse, arpentant le sommet des caps, pénètre dans l'intimité du fjord.

Les haltes

Dans tout ce réseau de parcours, le camping sauvage est accessible : à l'anse à la Boule, à l'anse à la Passe-Pierre, dans l'anse aux Petites-Îles, au Village-Vacances-Famille de l'anse de Saint-Étienne, à Anse-Saint-Jean et jusqu'à Rivière-Éternité. Des refuges jalonnent quatre carrefours, alors que l'hébergement hôtelier est accessible dans tous les villages, y compris le VVF de l'anse de Saint-Étienne. Tout séjour sur le sentier des Caps requiert une réservation préalable auprès des gestionnaires des sentiers ou des bureaux du parc. Évidemment la location des équipements d'hébergement entraîne des frais. Le service de navette d'une rive à l'autre est offert à partir de l'anse à la Passe-Pierre ou de Tadoussac; un service de transport ou de déplacement de véhicules existe aussi.

Les sentiers parallèles

Le plus fréquenté des longs sentiers de randonnées trouve son point de départ à Anse-Saint-Jean. Plus de 2 000 marcheurs tout azimut parcourent annuellement le sentier des Chutes. Ce tracé de 6,5 km, que l'on doit au club des Randonneurs du Saguenay, conduit au sommet de la montagne Blanche. Une ascension régulière à travers plusieurs écosystèmes naturels dévoile une chute d'eau vertigineuse. Au terme de cet effort, un panorama s'offre sur le toit dénudé du massif : par-delà tous les autres sommets, l'œil embrasse le village de même qu'un un long corridor dans le fjord. Tout imprégné de ces images, on redescend au point de départ sur le rang Saint-Thomas.

En arrivant à Rivière-Éternité, nous voilà au Centre d'interprétation du parc du Saguenay et sur la limite des pistes. Ici, de très nombreux visiteurs empruntent le sentier de la Statue, quitte à franchir une dénivellation de 300 m sur une longueur de 3,5 km pour admirer le Saguenay dans ses plus spectaculaires perspectives. C'est le sentier le plus achalandé du Saguenay, tant le paysage est éblouissant. À elle seule, la fameuse statue de Notre-Dame-du-Saguenay vaut l'effort et nous verrons plus loin pourquoi.

Dès l'accueil du parc, on trouve un sentier d'interprétation, facile et instructif, qui conduit au cœur de la baie Éternité; il s'agit d'une boucle de 1,6 km qu'on appelle le sentier de Méandres à Falaises.

En dehors de cet imposant circuit, plusieurs autres entiers sillonnent le parc. Le sentier de la Plate-forme part du quai de Sainte-Rose-du-Nord et conduit en quelques minutes à une très large vue sur le fjord, couvrant le fond de la Baie-des-Ha! Ha! jusqu'à la baie de la Trinité.

Non loin de Sainte-Rose, sur les hauteurs de Saint-Fulgence, le parc du cap Jaseux est un organisme privé qui présente un superbe réseau de sentiers en hauteur le long du Saguenay.

À la rivière Petit-Saguenay, un sentier facile, agréable et bien aménagé longe les fosses à saumon du village ou du camp des Messieurs.

À Chicoutimi-Nord, la croix de Sainte-Anne dispose d'une petite aire de marche, mais l'intérêt de ce monument historique tient à son spectaculaire point de vue sur Chicoutimi, Jonquière et la rivière, puis le fjord naissant.

Finalement, un peu plus en hauteur, les sentiers du Manoir, à Jonquière, invitent les familles en forêt et ce, à quelques minutes de la ville.

La saison des randonnées dure du mois de mai à la fin du mois d'octobre ou au début de novembre selon les caprices de la neige hâtive ou tardive.

L'automne est idéal pour la randonnée : la température est moins chaude, les pistes sont moins boueuses et, surtout, les moustiques ont disparu.

Dans un avenir probablement proche, le réseau des sentiers se développera dans le Bas-Saguenay selon deux axes linéaires : Baie-Sainte-Catherine–Rivière Éternité et Tadoussac–baie Sainte-Marguerite. Ainsi, l'éventail des routes disponibles sera élargi grâce à l'établissement de traverses maritimes à plusieurs endroits du fjord.

Sur la route d'un pionnier
Au seuil de chaque hiver, celui qu'on appelait affectueusement le «peddler» entreprenait sa périlleuse route de voyageur de commerce le long du fjord. À l'emploi de la maison Garneau à Québec, Charles-Napoléon Robitaille approvisionnait en tissus, médicaments, outils, etc., les familles les plus isolées.

Lac Travers, vu du mont Céleste.

Page suivante, à gauche :
Refuge du lac de la Chute, dans le parc Saguenay.

Page suivante, à droite :
Aménagement d'un sentier pédestre, le sentier du Fjord.

De Baie-Saint-Paul, le «peddler» parvenait à Grande-Baie, puis il traversait un pont de glace balisé pour atteindre les familles installées en bordure du Saguenay. Un jour, cette étape hasardeuse lui fit voir la mort de près.

En direction de Chicoutimi, Robitaille guidait attentivement sa jument sur la surface de neige et de glace. Couvert de peaux et de couvertures, il guettait chaque bruit entre les tintements de grelots, car la glace fend parfois sous l'effet des marées. (Sur le même trajet, le docteur Adélard Riverin avait déjà vu trois chevaux s'engloutir dans une faille.) Tout à coup, un hennissement désespéré

résonna entre les caps rocheux, puis tout sombra dans l'abîme.

Sauvé par miracle de la noyade et de la consumption qui s'ensuivit, Robitaille se souvint vaguement d'une promesse adressée à Marie au plus fort du drame. Monseigneur Racine, évêque de Chicoutimi, lui en soufflera les termes exacts, non sans y injecter son propre rêve : installer sur le cap Trinité une colossale statue de la Vierge qu'on pourrait admirer des bateaux.

Une souscription populaire aidant, la sculpture fut commandée à Louis Jobin de Portneuf. Le monument sculpté dans le pin puis recouvert de plomb (3 175 kg) refusa cependant de grimper jusqu'au sommet du cap. Une fois délestée de sa couche de plomb, on sectionna la statue en quatorze pièces qu'on parvint finalement à rassembler sur un socle, tel qu'espéré : à 180 mètres du niveau de mer.

La Vierge reçut depuis plusieurs vocables successifs : madone du Saguenay, Marie-Immaculée, Notre-Dame-du-Cap-Trinité pour garder enfin celui de Notre-Dame-du-Saguenay.

Notre-Dame-du-Saguenay est centenaire depuis 1981 et classée monument historique depuis 1965. On lui adjoignit une croix sur un palier inférieur du cap, mais on n'entendit jamais sonner la cloche qui devait accompagner celle-ci. En lieu et place, elle habite le clocher de l'église Sainte-Hedwidge au Lac-Saint-Jean.

À cheval

Durant la décennie 80, l'équitation a connu un essor notable au Saguenay, grâce surtout à l'aménagement de sentiers équestres sur le territoire du parc. On observe, en effet, l'apparition de nombreux centres équestres dans le Bas-Saguenay et dans le secteur de Tadoussac. Toute une gamme de possibilités s'offrent aux cavaliers et cavalières, de la sortie d'une heure aux excursions de plusieurs jours.

Accompagnées d'un guide, ces randonnées à cheval permettent d'explorer les montagnes du Bas-Saguenay dans les moindres recoins, découvrant des points de vue spectaculaires.

Visiter le Saguenay à cheval n'a rien de comparable. La hauteur de la perspective, la liberté d'observation, la complicité entre le cavalier et sa monture, le climat qui s'élabore entre les participants et les contacts avec les familles qui hébergent les groupes, font de ces excursions une expérience unique et parfaitement écologique. Une petite expédition de deux ou trois jours ne demande pas une grande compétence équestre et garantit d'inoubliables découvertes. En particulier, près de Tadoussac, s'élancer au grand galop dans les dunes de sable procure des sensations fortes et pour le moins inusitées.

À bicyclette

On peut très bien parcourir le Saguenay à bicyclette en partant de Chicoutimi, vers La Baie, Saint-Siméon et Tadoussac ou et revenir à son point de départ. On doit néanmoins savoir que la rive-sud du Saguenay est traversée par une route qui réclame l'exploit, même au cycliste aguerri. La route 168, allant de La Baie, Rivière-Éternité, Anse-Saint-Jean, Petit-Saguenay, Sagard, vers Saint-Siméon, éprouvera le jarret d'un cycliste moins expérimenté. En revanche, les étapes sont nombreuses et judicieusement réparties tout au long du parcours. Les possibilités d'hébergement sont également multiples et très diversifiées . Il vaut mieux prévoir un maximum d'arrêts dans chaque village si l'on veut établir un véritable contact avec le fjord, puisque la route s'en éloigne dès qu'on quitte la Baie-des-Ha! Ha! pour le retrouver dans les agglomérations du Bas-Saguenay.

La liaison Saint-Siméon—Baie-Sainte-Catherine—Tadoussac est, elle aussi, très accidentée,

Station touristique du mont Édouard, à l'anse Saint-Jean.

mais le point de vue sur le fleuve compense largement les douleurs musculaires.

Incontestablement, la rive-nord du Saguenay est plus accessible et fort intéressante pour les cyclistes. On peut la parcourir en deux jours, de Tadoussac à Chicoutimi, avec un relais à mi-chemin dans les chalets de Bardsville que louent de nombreux pêcheurs de saumon et de plus en plus de cyclistes. Incidemment, la vallée de la Sainte-Marguerite demeure le principal attrait de cette route qui, encore une fois, ne s'approche du Saguenay qu'au moment de la descente vers Saint-Fulgence. La rive-nord est beaucoup moins accidentée, sauf entre Sainte-Rose-du-Nord et Saint-Fulgence.

À Sainte-Rose, on peut s'arrêter dans un gîte du passant en bordure de la route ou au village même pour ceux qui veulent défier la grande descente.

Le vélo tout-terrain

La bicyclette de montagne, le vélo tout-terrain ou les vélos hybrides permettent de quitter la route pour explorer l'arrière-pays, multipliant d'autant les découvertes.

En particulier, de Petit-Saguenay jusqu'à Baie-Sainte-Catherine, une multitude de petits chemins forestiers ou de routes rurales donnent une perspective inédite sur la région, tout en offrant aux cyclistes de stimulants défis. À Anse-Saint-Jean, le chemin de l'anse de Tabatière fait appel au courage, mais il procure, au terme, l'un des plus beaux points de vue sur le fjord. Le rang Saint-Charles et le chemin Périgny sont des noms à retenir.

À Petit-Saguenay, la route du quai et les abords du VVF de l'anse de Saint-Étienne ne manquent pas d'intérêt.

Sur l'autre rive, on peut se rapprocher du Saguenay à partir de Sacré-Cœur, et rouler sur un

Ski hors-piste, parc Saguenay, dans le secteur lac de la Chute.

À gauche : La dent de Dracula, rivière Sainte-Marguerite.

En bas : Ski sur le fjord.

rang qui conduit du cap de la Boule jusqu'à l'anse de Roche. Après une abrupte remontée pour rejoindre la route, il faudra redescendre par un chemin de terre vers Saint-Basile-de-Tableau, hameau où l'on trouve encore quelques maisons de ferme.

En somme, le vélo tout-terrain permet des incursions dans les plus discrets sentiers d'un territoire où la nature reprend peu à peu ses droits : par exemple, le long de la rivière Sainte-Marguerite et autour de la Baie-des-Ha! Ha!.

LES SPORTS D'HIVER

Le ski alpin

Cinquième plus haut domaine skiable au Québec, le mont Édouard compte 450 m de dénivellation; il est situé aux abords d'Anse-Saint-Jean, au Bas-Saguenay.

La population d'Anse-Saint-Jean a dû se battre pour obtenir son centre de ski : affronter courageusement les politiciens qui n'en voulaient pas et défier la concurrence de ceux qui allaient y perdre. À force de solidarité et de manifestations diverses, des skieurs dévalent aujourd'hui cette montagne splendide d'où l'on aperçoit le fjord.

Chaque pente a ses singularités : la «3» projette les skieurs dans le vide sur une distance de 2 km; la «4» offre une inclinaison de 32 % ; la pente bosselée en pleine forêt fait le plaisir des experts. Près de 80 % de la surface skiable comporte de la neige artificielle. Le mont Édouard dispose de deux remontées quadruples, dont une à mi-montagne, ainsi qu'un fil de neige. Depuis l'ouverture, la population locale n'a pas manqué de troquer les pancartes contre les skis.

De moindre envergure, deux autres centres alpins sont situés en bordure du Saguenay. Le mont

Paysage d'hiver au pic Lagacée du mont Valin.

Bélu de La Baie (175 m) et le mont Fortin de Jonquière (100 m) sont des stations plutôt familiales à vocation d'apprentissage.

Le mont Bélu, étalé sur les contreforts de la Baie-des-Ha! Ha!, déroule un paysage grandiose pendant les descentes. Le soir venu, le scintillement des lumières de la ville et de celles des cabanes de pêche éparpillées sur les glaces a quelque chose de féerique.

Le ski de fond

Dans toutes les villes et dans chacun des villages qui ceinturent le Saguenay, on trouve des aménagements pour le ski de fond et, quelquefois, pour le ski hors-piste.

Les monts Bélu et Édouard ont leur propre centre de ski de fond et le club Bec-Scie, le long de la rivière à Mars (La Baie), s'est acquis une réputation d'excellence auprès des amateurs de pas alternatif et le pas de patin.

Pour ce qui est du ski hors-piste, les chalets de la Société de développement touristique de Rivière-Éternité offrent de merveilleux sentiers. Les refuges de randonnée pédestre du sentier des Caps permettent d'héberger les skieurs qui peuvent même faire transporter leur matériel; ils y trouveront la chaleur et tout ce qu'il faut pour faire la cuisine et dormir confortablement.

La motoneige

Dans le Bas-Saguenay, la motoneige règne en hiver. Sur les nombreux sentiers ou sur les glaces épaisses du fjord, des engins sophistiqués et rapides défilent sans cesse. Le passage du *Raid Harricana* sur le Saguenay, en 1991, y a pour ainsi dire consacré la pratique de la motoneige, mais les sentiers de la Fédération québécoise de motoneige n'accèdent malheureusement pas directement aux charmes du fjord. Partant de Québec, les motoneigistes peuvent faire le détour par Jonquière, Chicoutimi et La Baie

avant de filer vers Charlevoix. Une bretelle secondaire peut également les conduire à Anse-Saint-Jean, Rivière-Éternité et Petit-Saguenay.

Il est téméraire de traverser le Saguenay en motoneige à cause du chenal qu'un brise-glace garde ouvert. Néanmoins, un pont de glace balisé en amont de Jonquière, en haut du barrage de Shipshaw, permet le passage.

C'est la rive-nord qui mène au paradis de la motoneige : les monts Valin où, depuis peu, de larges sentiers fort bien entretenus assurent la liaison avec la Côte-Nord.

Solive de l'industrie touristique hivernale au Saguenay, le sport de la motoneige connaît une croissance fulgurante. Quelques entreprises locales ou non louent des équipements et proposent soit des séjours guidés sous forme de forfait, soit des

En kayak de mer.

excursions sur demande.

Le traîneau à chiens

Quoique moins répandu, le traîneau à chiens gagne de la vogue depuis 1980. Les entreprises de dressage se multiplient et quelques chenils organisent sur le Saguenay des sorties qui garantissent des souvenirs impérissables.

Le chenil du Roy de Saint-Honoré, près de Chicoutimi, inaugura les excursions touristiques. Sur le Saguenay, de la baie Sainte-Marguerite au Tableau, des randonnées s'échelonnent sur deux jours avec un campement sur la glace. La clientèle européenne, en particulier, recherche cette confrontation avec le froid et le vent.

Le Saguenay n'est peut-être pas le terrain idéal pour pratiquer le traîneau à chiens : si beau soit-il, il devient vite monotone et les conditions climatiques sont souvent extrêmes. Cependant, ce sport se prête tout à fait à quelque étape au cours d'une expédition plus longue qui se déroule principalement en forêt. Le campement sur la glace vaut éminemment la peine : l'hiver s'y découvre sous son jour à la fois le plus brutal et le plus fabuleux.

LES SPORTS NAUTIQUES

Le vol à voile

On ne s'étonne plus depuis belle lurette de voir planer de grandes ailes multicolores dans le ciel de Saint-Fulgence dont les eaux forment d'appréciables colonnes d'air. On y trouve même une école de parapente, Les ateliers de la glisse, dirigée par deux fanatiques du parachutisme ascensionnel : Michel Montminy et Benoît Tremblay qui, par ailleurs, conçoivent des équipements à la fine pointe de la technologie.

Sur le cap des Roches, tout près du Centre

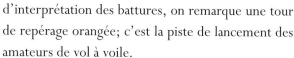

d'interprétation des battures, on remarque une tour de repérage orangée; c'est la piste de lancement des amateurs de vol à voile.

La voile

La voile ne cesse de se développer au Saguenay, et un événement sportif annuel comme La Coupe du Saguenay, reliant chaque année l'anse à Benjamin (Baie-des-Ha! Ha!) à l'Anse-Saint-Jean, n'est pas sans contribuer à cet essor.

La planche à voile

Les amateurs de planche à voile trouvent un terrain de haute performance sur le Saguenay, principalement sur deux grandes surfaces accessibles exposées aux vents forts : la Baie-des-Ha! Ha! à proximité de la ville et des installations portuaires, et les eaux de Saint-Fulgence, en aval de la flèche du littoral.

Le kayak de mer

Le kayak de mer se prête magnifiquement aux courts comme aux longs voyages sur le Saguenay.

Plutôt sécuritaire et facile à manœuvrer, le kayak permet d'aller jusque dans les moindres recoins du fjord.

Le kayak de mer n'est pas à confondre avec le kayak d'eau vive beaucoup plus courant. Le kayak de mer peut atteindre six mètres de longueur et il est beaucoup plus profond que son homonyme. Il comporte deux caissons étanches qui assurent sa flottabilité et dont les dimensions sont très logeables. Son gouvernail relié à un pédalier, remplace la technique de la pagaie qui ne sert qu'à la propulsion et aux manœuvres des kayakistes plus expérimentés.

Inspiré des embarcations traditionnelles des Inuit, le kayak de mer est conçu pour les rivages des océans, pour les fleuves, pour les lacs de grande superficie ou pour les rivières de la dimension du Saguenay, bref, pour des plans d'eau qui peuvent présenter de bonnes vagues, mais pas de cascades. Sa ligne de flottaison à fleur d'eau transmet la

Page précédente,
En kayak de mer, au pied du Tableau .

En haut, à gauche :
Escalade sur la glace, cap Saint-François.

En haut, à doite :
Escalade du Tableau.

À droite :
Escalade du Tableau.

Croisière sur le Saguenay.

Page suivante :
Croisière sur le Saguenay.

moindre vibration, ce qui permet de réagir rapidement, surtout au mouvement des marées.

Lorsque le ciel se bouleverse et improvise un mouvement de tempête sur un air de vent d'est, le kayak peut affronter les grandes vagues jusqu'à l'un ou l'autre refuge. Bien que les petites baies ou les anses soient rares dans ce paysage de montagnes, le moindre abri revêt une beauté exceptionnelle et offre des points de vue aussi saisissants qu'inédits.

De Chicoutimi à Tadoussac, on descend le Saguenay en cinq ou sept jours au milieu d'une nature sauvage et généreuse.

ACTIVITÉS DIVERSES
Le golf
On peut jouer au golf le long du Saguenay sur l'un des terrains les mieux cotés du Québec : le club Saguenay de Jonquière

Le terrain de golf de La Baie est sans doute moins prestigieux, mais il donne sur la Baie-des-Ha! Ha!, il offre un point de vue intéressant ce qui n'est pas dénué d'intérêt.

La spéléologie
Depuis peu, les visiteurs peuvent explorer les quatre grottes du Saguenay dont il est fait mention au cours du huitième chapitre. La Compagnie de la baie de Tadoussac offre cette option dans son programme d'excursions guidées, et l'on doit espérer que ces précieux sites continuent d'être protégés et respectés pour ce qu'ils sont, à savoir les témoins d'une longue histoire.

L'escalade
À quelques minutes de Chicoutimi, de très belles parois s'offrent aux amateurs d'escalade. L'un des

pionniers de l'escalade au Saguenay, François-Xavier Garneau, offre un répertoire de sites dans un livre-guide destiné aux grimpeurs. Il privilégie l'escalade technique sur des surfaces lisses. En hiver, bon nombre de parois sont recouvertes d'une épaisse couche de glace pour le plus grand plaisir des grimpeurs.

Ailleurs, le Saguenay dispose d'un potentiel illimité en matière d'ascension, mais les sportifs sont rares et ils s'attaquent surtout au Tableau ainsi qu'au cap Trinité. Pourtant, la Baie-des-Ha! Ha!, la baie Sainte-Marguerite et maints autres sites présentent des défis excitants, bien que les parois inhérentes soient généralement couvertes de végétation et requièrent au préalable de longues opérations de nettoyage.

Le cap Trinité est fréquenté depuis plus de trente ans par des grimpeurs impressionnés par sa masse et par ses 275 m de paroi verticale. Yves

Laforest, le premier Québécois à franchir l'Éverest, décrivait la falaise du cap Trinité comme «la plus spectaculaire au Québec». En 1989, il l'escaladait par une large fissure de 90 m de longueur. Les grimpeurs d'ici y pratiquent généralement l'escalade artificielle, mais Laforest l'a tentée en style libre après quatre jours de nettoyage. «Ici, écrit-il, l'escalade est très difficile, extrême parfois. La partie supérieure est surplombante selon un angle de plus de 90° et elle penche vers le Saguenay. Il faut être expérimenté. Mais l'esthétique des lignes et des couleurs, la pureté des fissures et la beauté de l'escalade elle-même valent l'effort. L'ascension dure une longue journée.»

L'écrasante surface lisse que les explorateurs européens baptisèrent le Tableau a été gravie en style libre au mois de juin 1989, par trois experts chicoutimiens Hubert Morin, Mario Bilodeau et Régis Richard. Le sommet avait été atteint en escalade artificielle en 1973. Paroi verticale de 120 m, le Tableau surplombe les eaux du Saguenay et ne peut être atteint que par mer, ce qui décourage bon nombre de grimpeurs. À quelque 10 km à l'ouest de la baie Éternité, juste en avant Saint-Basile-de-Tableau, ce mur est exposé au nord, dispose d'un ensoleillement limité et présente un climat humide, autant de facteurs qui favorisent une abondante flore muscicole et lichénique. Morin, Bilodeau et Richard ont dû consacrer quatre rudes journées au décapage de la pierre avant d'entreprendre leur ascension par le milieu de la paroi, voie non pas la plus facile mais la plus propre. Ce point de départ avait aussi l'avantage d'être situé sur la seule rive au pied de la falaise.

«Une première longueur surplombante mène à deux longueurs plus inclinées où la difficulté s'amenuise momentanément. Puis, un pendule vers la gauche (seule manœuvre artificielle de la voie) permet de changer de système de fissure et d'effectuer une sortie des plus spectaculaires sur une face verticale. Un objet échappé à cet endroit tombe directement dans le Saguenay sans toucher la paroi.»

Le Tableau réserve plusieurs voies inexplorées et de nombreux itinéraires pour l'escalade de haut calibre.

Les croisières

Toute une gamme de croisières est disponible à partir de plusieurs points : Chicoutimi, Sainte-Rose-du-Nord, Rivière-Éternité, Saint-Fulgence, la Baie Baie-Sainte-Catherine et Tadoussac. Des bateaux rapides et confortables proposent des excursions plus ou moins longues. Une réserve s'impose à propos des navires provenant de l'extérieur de la région qui organisent des sorties ponctuelles. S'ils n'ont pas de naturaliste à bord et s'ils tendent à transgresser la loi sur la protection des bélugas, ils ne sont guère recommandables.

La Marjolaine II

REMERCIEMENTS

Nous tenons à remercier sincèrement tous ceux et celles qui ont contribué au parachèvement de ce livre et dont le nom n'apparaît pas au fil du texte. Nous avons une dette spéciale de reconnaissance à l'égard des personnes et organismes suivants pour leur précieuse contribution :

Yvon Picotte, ministre délégué au Secrétariat au développement régional;

Pierre Fillion du ministère de l'Agriculture, des Pêcheries et de l'Alimentation du Québec;

Pierre Trudel du ministère du Tourisme du Québec;

Gaston Blackburn, député de Roberval à l'Assemblée nationale et ministre du Loisir, de la Chasse et de la Pêche;

Daniel Giguère, responsable des communications chez Hydro-Québec;

Alain Dufour, de l'Hôtel Tadoussac et des entreprises de la famille Dufour, et le personnel de l'Hôtel Tadoussac qui nous a si aimablement reçus (félicitations au chef!);

La Compagnie de la baie de Tadoussac et tous les guides;

Gilles Couet, Pierre Beaudoin, Simon Coutu, Hélène Phillion, Régis Pageau et toute l'équipe de Chlorophyle Haute-Technologie, des Boutiques l'Aventurier et de Guide Aventure (un merci tout spécial à Pierre Beaudoin, figurant sur plusieurs photos, compagnon de toutes les aventures, complice enthousiaste et généreux, un ami quoi!);

Bruno Lavoie, Yvan Lefebvre, Sylvie Simard, le personnel et les membres du conseil d'administration de l'Association touristique régionale du Saguenay-Lac-Saint-Jean;

Émile Bouchard et tous les membres de la Société de développement touristique de Rivière-Éternité;

Pierre-Jules Lavigne, Alphonse Martel et tout le personnel de parc du Saguenay;

André Gagnon, Claude Fillion, Pierre Desbiens, Marc Pagé, Daniel Rosset, et tout le personnel du parc marin du Saguenay;

Guy Girard, Ruth Vandal, et tout le personnel de la Société Touristique du Fjord;

Guylaine Simard, directrice du Musée du Fjord de ville de La Baie et complice indéfectible;

Roland Bélanger, Jean-François Hébert et toute l'équipe de la Société historique du Saguenay;

D'autres personnes et organismes méritent notre gratitude :

Gérard-Raymond Morin, député de Dubuc à l'Assemblée nationale du Québec;

Jeanne Blackburn, députée de Chicoutimi à l'Assemblée nationale du Québec;

Eugénie Bouchard, mairesse de Rivière-Éternité;

Marie-Andrée Zizka, Olivier Tarchandjian et Julie Saint-Onge, naturalistes au parc du Saguenay;

Bernard Maltais, ex-directeur du parc marin du Saguenay;

Pierre Tremblay et Luce-Anne Tremblay de l'Association Touristique de Charlevoix;

Nicole A. Paiement de la Direction générale du marketing au ministère du Tourisme du Québec pour avoir cru en nous;

Jacques Tremblay, de la bibliothèque de l'Université du Québec à Chicoutimi, pour sa disponibilité;

Capitaine Rémi Picard de la base militaire de Bagotville;

Joseph d'Anjou de l'auberge Le Refuge de Sainte-Rose-du-Nord;

Jacques Côté et Jeannot Lévesque pour le prêt de leur matériel photo;

Tous les membres et amis des Randonneurs du Saguenay;

Claire-Hélène Hovington, libérale et amie;

La famille de Nazaire et Rolande Boudreault de Anse-Saint-Jean;

Marie-Claire Gagné ex-directrice du Village-Vacances-Famille de Anse-Saint-Jean;

Jean-Alain Tremblay, pour son amitié;

Rodrigue Langevin de Bardsville, Sacré-Cœur;

Daniel Lefebvre, biologiste au GREMM;

Céline, Joanne, Jennifer, Olivier, à nos familles respectives et à nos amis qui ont enduré notre délire sur le Saguenay durant ces dernières années.

BIBLIOGRAPHIE

ARGUS GROUPE CONSEIL, *Parc marin du Saguenay, synthèse et analyse des connaissances relatives aux ressources naturelles du Saguenay et de l'estuaire du Saint-Laurent*, Environnement Canada, Service des parcs, Québec, 1992, 444 pages.

ARMSTRONG, Joe C. W., *Samuel de Champlain*, Éditions de l'Homme, Montréal, 1988, 385 pages.

BILODEAU, Rosario, *Champlain*, Éditions HMH, Montréal, 1961, 198 pages.

BOUCHARD, Russel, «L'Anse-Saint-Jean: 150 ans d'histoire», Société historique du Saguenay, dans *Cahiers de Saguenayensia*, Histoire des municipalités, vol. 1, Chicoutimi, 1986, 44 pages.

BOUCHARD, Russel, *Le Saguenay des fourrures* (Histoire d'un monopole), Russel Bouchard, Chicoutimi, 1989, 269 pages.

BOUCHARD, Russel, «Villages fantômes, localités disparues ou méconnues du Bas-Saguenay», Société historique du Saguenay, dans *Cahiers de Saguenayensia*, Histoire des municipalités, Chicoutimi, 1991, 113 pages.

BOUCHARD, Russel; Fernande CHAPUT, Yvon COUDÉ, Maryse FORTIN, Denis HOUDE, Gilles LABBÉ, Diane PERRON, Gaby VÉZINA, Victor TREMBLAY, «Écho-Logique», dans *Dossier patrimoine*, vol. 3, n° 3, décembre 1986, p. 6 à 38.

BOUCHARD, Russel et Jean MARTIN, «Ville de La Baie, une fenêtre sur le monde depuis 150 ans», Société historique du Saguenay, dans *Cahiers de Saguenayensia*, Histoire des municipalités, vol. 6, Chicoutimi, 1988, 68 pages.

BOUCHARD, Russel et Normand PERRON, «Chicoutimi: la formation de la métropole régionale», Société historique du Saguenay, dans *Cahiers de Saguenayensia*, Histoire des Municipalités, n° 4, Chicoutimi, 1988, 78 pages.

BOULIZON, Guy, *Le paysage dans la peinture au Québec*, Éditions Marcel Broquet, La Prairie, 1984, 223 pages.

BUIES, Arthur, *Le Saguenay et la vallée du Lac-Saint-Jean*, Imprimerie De A. Côté et Cie, Québec, 1880, 342 pages.

BUIES, Arthur, *Le Saguenay et le bassin du Lac-Saint-Jean*, Léger-Brousseau, Québec, 1896, 414 pages.

CAZAUX, Yves, *Le rêve américain: de Champlain à Cavelier de La Salle*, Albin Michel, Paris, 1988, 541 pages.

CHAMPLAIN, Samuel de, *Œuvres complètes*, vol. 1, Éditions du Jour, Montréal, 1973, 474 pages.

CHANTAL, Denise, *Amour humain* (Biographie de Paul Rasmussen), Imprimerie Léopold Tremblay Ltée, Chicoutimi, 1984.

CLAVEAU, J.-C., *L'ancêtre Peter McLeod et sa descendance*, Éditions Fleur de lys, Chicoutimi, 1988, 115 pages.

CÔTÉ, Daniel, «Premiers contacts entre Blancs et Amérindiens», *Progrès Dimanche*, Chicoutimi, 6 septembre 1992.

DÉSAUTEL, Louise, «D'où viennent les érables du Lac-Saint-Jean?» dans *Forêt et Conservation*, vol. 58, n° 9, février 1992, p. 23.

DESGAGNÉ, Michel, *Les goélettes de Charlevoix*, Leméac, Montréal, 1977, 162 pages.

DRAINVILLE, Gérard, «Le fjord du Saguenay», dans *Le naturaliste canadien*, vol. 97, n° 6, Québec, 1970, p. 623 à 666.

DRAINVILLE, G. et L. BRASSARD, «Les poissons de la rivière Saguenay», dans *Le naturaliste canadien*, vol. 88, n° 5, Québec, 1961, p. 129 à 147.

DUBÉ, Philippe, *Deux cents ans de villégiature dans Charlevoix*, Presses de l'Université Laval, Québec, 1986, 196 pages.

DUMAIS, Joseph, *Héros d'autrefois: Jacques Cartier et Samuel de Champlain*, Imprimerie de l'Action Sociale Ltée, Québec, 1913, 142 pages.

GAGNON, François-Marc, *Ces hommes dits sauvages: l'histoire ascinante d'un préjugé qui remonte aux premiers découvreurs du Canada*, Libre Expression, Montréal, 1984, 190 pages.

GAGNON, Gaston, *Un pays neuf*, Les Éditions du Royaume, Alma, 1988, 196 pages.

Gid Design, *Les Battures* (Cahier de réalisation finale), Municipalité de Saint-Fulgence, 1991, 16 pages.

HARVEY, Jacquelin, *La navigation sur le Saguenay*, Institut de géographie de l'Université Laval, Québec, 1963, 240 pages.

GIRARD, Camil et Normand PERRON, *Histoire du Saguenay-Lac-Saint-Jean*, Institut québécois de recherche sur la culture, Québec, 1989, 665 pages.

Guide d'excursions géologiques au Saguenay-Lac-Saint-Jean, Module des Sciences de la terre, Université du Québec à Chicoutimi, Chicoutimi, 1980, 42 pages.

LAFOREST, Yves, «Cap Trinité: des possibilités non exploitées», dans *Plein Air*, n° 4, Montréal, novembre 1989, p.14.

LASSERRE, J.-C., «Jacques Cartier et le Saint-Laurent: hasards et grandeurs d'une découverte», dans *Études canadiennes*, no 17, 1984, p. 137-142.

LEMOINE, J.M., *Album du Touriste*, Sillery, 1872, 382 pages.

L.M.B.D.S.-SIDAM Inc., «Étude de faisabilité pour la protection et la mise en valeur du milieu marin du Saguenay», dans *Parc Canada*, janvier 1986, 310 pages.

«Le Québec», (numéro spécial), dans *Géo*, n° 140, Prisma Presse, Paris, octobre 1990.

MORISSONNEAU, Christian, *Le langage géographique de Cartier et de Champlain: choronymie, vocabulaire et perception*, Presses de l'Université Laval, Québec, 1978, 230 pages.

MOUSSETTE, M., *La pêche sur le Saint-Laurent*, Éditions du Boréal Express, Montréal, 1979, 212 pages.

PACREAU, Camille, *Tadoussac*, Les Éditions Marquis, Montmagny, 1947, 139 pages.

PINOT, Denis et Jacynthe RIVERIN, *La navigation sur le Saguenay*, texte et recherche de l'exposition, Musée du Fjord, ville de La Baie, 1991, 36 pages.

POTVIN, Damase, *La Baie des Hahas*, Édition de la Chambre de Commerce de la Baie des Hahas, Beauceville, 1957, 427 pages.

POULIOT, Léon, *Étude sur les Relations des Jésuites de Nouvelle-France (1632-1672)*, Collection des Studia, Montréal, 1940.

RAMBAUD, Pierre, «De la baleinomanie», dans *Le Fjord Express*, Tadoussac, été 1992.

REEVES, R. Randall et Edward MITCHELL, *Les cétacés du Canada. Le monde sous-marin*, Pêches et Océans Canada, Ottawa, 1987, 12 pages.

Relations des Jésuites (1611-1636), Tome 1, Éditions du Jour, Montréal, 1972, 139 pages.

ROUSSAN, Jacques de, *Saguenay-Lac-Saint-Jean en peinture*, Promotions Ad Librum Inc., collection «Horizons», Roussan Éditeur, Pointe-Claire, Québec, 1991, 119 pages.

TREMBLAY, Victor, *Histoire du Saguenay depuis les origines jusqu'à 1870*, La Librairie régionale Inc., Chicoutimi, 1968, 465 pages.

TREMBLAY, Victor, «Les trente ainées de nos localités», *Société historique du Saguenay*, n° 19, Chicoutimi, 1968, 261 pages.

TRIGGER, Bruce G., *Les Indiens, la fourrure et les Blancs*, Éditions du Boréal, Montréal, 1990, 542 pages.

TRUDEL, Marcel, *Dictionnaire Biographique du Canada*, Volume premier, Presses de l'Université Laval, Québec, 1966, p. 192 à 204.

TRUDEL, Marcel, *Histoire de la Nouvelle-France*, vol. 3, Fides, Montréal, 1963 pages.

TRUDEL, Marcel, *La carte de Champlain en 1632: ses sources et son originalité*, Université Laval, Québec, 1978, 28 pages.

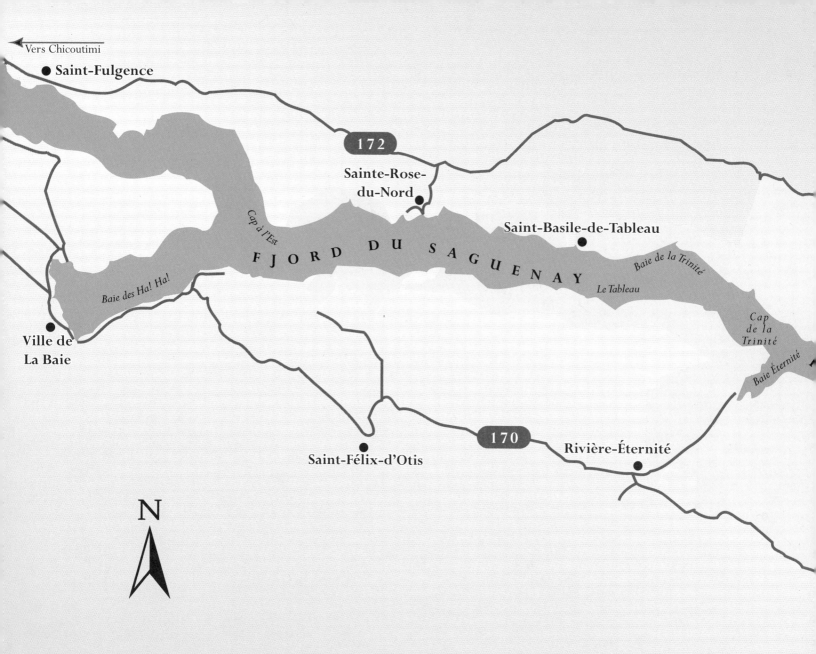

Vers Chicoutimi

Saint-Fulgence

172

Sainte-Rose-
du-Nord

Saint-Basile-de-Tableau

Cap à l'Est

Baie de la Trinité

FJORD DU SAGUENAY

Le Tableau

Baie des Ha! Ha!

*Cap
de la
Trinité*

Ville de
La Baie

Baie Éternité

Saint-Félix-d'Otis

170

Rivière-Éternité

N